석학
人文
강좌
63

한글

석학人文강좌 63

한글

초판 1쇄 발행 2016년 6월 15일
초판 2쇄 발행 2016년 12월 15일
지은이 홍윤표
펴낸이 이방원
편 집 강윤경·김명희·이윤석·안효희·윤원진·홍순용
디자인 박선옥·손경화
마케팅 최성수
펴낸곳 세창출판사
출판신고 1990년 10월 8일 제300–1990–63호
주소 03735 서울시 서대문구 경기대로 88 냉천빌딩 4층
전화 723-8660
팩스 720-4579
이메일 sc1992@empal.com
홈페이지 http://www.sechangpub.co.kr

ISBN 978-89-8411-614-6 04710
      978-89-8411-350-3(세트)

이 도서의 국립중앙도서관 출판시도서목록(CIP)은 서지정보유통지원시스템 홈페이지(http://seoji.nl.go.kr)와
국가자료공동목록시스템(http://www.nl.go.kr/kolisnet)에서 이용하실 수 있습니다. (CIP제어번호: CIP2016013513)

석학
人文
강좌
63

한글

홍윤표 지음

세창출판사

'한글'은 우리에게 퍽 익숙한 단어입니다. 이에 비해 우리 문화의 원천인 한글에 대해 우리가 알고 있는 정보는 그리 많지 않은 편입니다. 물과 공기가 생명의 원천이지만 그것에 대해 잘 알지 못하는 것과 같습니다. '한글'의 원래 뜻이 무엇인지, 한글은 배우기 쉽다는데 왜 그런지, 한글이 왜 우수한 문자인지 등의 질문에 서슴지 않고 답할 사람이 얼마나 있을까요?

국어사 연구자로 수많은 한글 자료들을 대하면서, 제 자신이 '한글'에 대해 알고 있는 내용이 많지 않다는 사실을 깨닫고 자책감이 들 때가 많았습니다. 그래서 한글에 대해 의문 나는 점을 제가 늘 옆에 끼고 다니는 '문제점'이란 노트에 기록하기 시작했습니다. 첫 번째 질문은 '훈민정음'은 문자인데 왜 이름을 '정음', 즉 '바른 소리'라고 했을까? 그리고 '바른 소리'의 '바른'의 뜻은 무엇일까? 백성을 가르친다고 했는데, 왜 '교민(敎民)'이 아니고 '훈민(訓民)'일까? 그리고 '훈민정음'이라는 이름은 누가 지었을까? 세종이 직접 지었을까? 등등 '훈민정음'에 대한 것이었습니다. 두 번째 질문은 훈민정음 해례본과 언해본에 대한 것이었습니다. 정인지 서문이야 정인지가 썼다고 하지만, 해례본의 본문 내용은 누가 지었을까? 그리고 그 글씨는 누가 썼을까? 언해본의 언해자는 누구이며, 언해본의 곳곳에 보이는 수정 부분은 왜 수정을 했을까? 언해본의 한글 서체가 여러 가지인데 왜 그럴까?

이렇게 수많은 의문점을 나열해 가다 보니, '한글'에 대해서 제가 알고 있는 내용도 적을 뿐만 아니라 연구된 내용도 많지 않다는 사실을 알 수 있었습니다. 위에 제기한 몇 가지 의문점 중에서 지금도 밝혀지지 않은 것이 여

렀 있을 정도이니까요.

국어학자인 제가 한글에 대해 이렇게 아는 것이 많지 않으니, 일반인들이야 오죽할까 하는 생각까지 들게 되었습니다. 그래서 제 스스로 그 질문에 답하기 위해 노력해 왔습니다. 자료도 수집하고 연구해서 알게 된 내용을 중심으로 틈틈이 여러 곳에 단편적으로 글도 쓰게 되었습니다. 지금까지 관심 밖에 두었던 문제들에 대해 글을 써서 그런지는 몰라도 많은 사람들이 큰 관심을 보였습니다. 특히 국립국어원의 '쉼표 마침표'에 실린 글들이 그러했습니다.

그것이 인연이 되어 한국연구재단의 '석학인문강좌'에서 한글에 대해 이야기해 달라는 요청을 받았습니다. 4회에 걸쳐 한글에 대해 이야기하면서 지금까지 단편적으로 언급했던 내용들을 체계화시키게 되었습니다. 그리고 이야기하듯 썼던 내용들도 압축하여 줄이게 되었습니다. 그 강의 내용을 요약하고 미처 쓰지 못했던 내용들을 새로 써서 체계적으로 엮은 것이 이 책입니다. 기존의 글을 압축하고 수정한 것과 새로 쓴 글들이 같이 들어 있습니다. 그러나 일일이 그 출처를 밝히는 일이 번잡하여 생략하였습니다.

한글에 대한 글들을 단편적으로 써 놓고 나서 다시 들여다보니 아쉽기만 했습니다. 아직도 한글에 대해 풀리지 않은 의문점이 그대로 남아 있어서 그것들을 다 밝히지 못했기 때문입니다. 문득 타임머신을 타고 옛날로 달려가서 그 문제점들을 단박에 알아보고 싶은 충동이 일어났지만 어디 있을 법한 이야기인가요? 조선왕조실록을 이리저리 검색해 보거나 때로는 수많은 역사 자료에 한글에 대한 기록이 있는가를 뒤져 보지만 제가 의문점으로 제시해 놓은 질문에 답하기는 어려웠습니다. 아직도 제가 밝혀 놓은 내용보다는 해결하지 못하고 의문점으로 남겨 놓은 내용이 훨씬 많습니다. 그래서 책으로 냈으면 좋겠다는 의견에 선뜻 응하기가 쉽지 않았습니다.

그래도 용기를 내어 제가 지금까지 알게 된 내용들만을 중심으로 글을 쓰게 되었습니다. 저만 알고 있어서는 안 되고 한글에 대한 여러 정보들을 모든 사람들에게 알려야겠다는 생각이 앞섰기 때문입니다. 또한 한글은 국어학자의 전유물이 아니라 우리 모두의 것이기 때문입니다.

　한글이 단순히 우리말을 표기하는 수단의 하나라면 국어학자들만이 연구해야 할 문화유산일 것입니다. 그러나 한글은 우리말을 표기하는 문자이면서도 동시에 우리 문화를 창조하고 전달하는 기능을 지니고 있습니다. 그래서 우리 모두가 한글에 대해 잘 알고 있어야만 더 나은 문화로 발전시킬 수 있는 원동력을 갖출 수 있습니다. 이 책에 한글과 문화, 그리고 한글과 예술, 한글과 과학에 대한 이야기까지 포함시킨 것도 이러한 이유 때문입니다.

　한글에 대해서는 막연한 추정만으로 그 참모습을 밝히기는 어렵습니다. 실제 그 참모습을 증명할 자료가 밑받침될 때, 그 주장이 신빙성을 갖습니다. 그래야만 다른 분들이 그 사실을 인정할 것입니다. 그래서 많은 사진을 증거 자료로 제시하게 되었습니다.

　그러니 이 책의 편집을 맡으신 분은 여간 고생이 아니었을 것입니다. 세창출판사 편집진에게 고마운 마음을 전달하지 않을 수 없습니다.

　이 책이 석학인문강좌 시리즈의 하나로 출판되게 된 것은 오로지 한국연구재단과 인문학강좌 관계자 여러분의 도움에 의한 것입니다. 뿐만 아니라 4주 동안 어쭙지않은 제 강의를 경청해 주신 분들이야말로 이 모든 것을 있게 한 가장 중요한 분들입니다. 크게 감사를 드립니다.

2016년 5월

홍 윤 표

차례

_책머리에 · 5

제 1 장 ㅣ 훈민정음 창제

1. 문자에 대한 접근 방법 · 15

2. 한글에 대한 다양한 시각 · 18

3. 말과 문자와 문화의 관계 · 20

4. 한글의 기능 · 22

   1) 문화적 기능 · 22

   2) 민족적 기능 · 22

   3) 사회적 기능 · 24

5. 훈민정음 창제 이전의 문자생활 · 26

   1) 도상기호의 사용 · 26

   2) 고유문자설 · 26

   3) 한자의 전래 · 27

   4) 한자를 이용한 읽기, 쓰기 · 28

6. 동양 주변 국가의 문자 창제 · 31

7. 훈민정음과 한글의 의미 · 35

   1) '훈민정음'의 용어와 그 의미 · 35

   2) '한글'의 용어와 그 의미 · 37

8. 훈민정음의 제자 원리 · 39

   1) 상형 · 40

　2) 자방고전(字倣古篆) · 41

　3) 가획(加劃) · 46

　4) 합성 · 47

　5) 병서와 연서 · 48

9. 훈민정음의 과학성 · 49

　1) 체계적 · 구조적 · 이론적인 훈민정음 · 49

　2) 창조적이고 자주적인 훈민정음 · 53

　3) 경제적인 훈민정음 · 55

　4) 철학적인 훈민정음 · 55

10. 세종이 계획한 훈민정음의 표기 내용 · 57

제 2 장 | 한글의 변화

1. 명칭의 변화 · 63

　1) 훈민정음(訓民正音)과 정음(正音) · 63

　2) 언문(諺文) · 64

　3) 언자(諺字) · 65

　4) 반절(反切) · 66

　5) 국문(國文) · 67

　6) 조선문(朝鮮文), 선문(鮮文) · 67

　7) 한글 · 68

2. 자모의 변화 · 69

　1) ㅿ(반시옷) · 72

　2) ㅸ(가벼운 비읍) · 72

　3) ㆁ(옛이응) · 73

　4) ㆆ(여린 히읗) · 73

　5) ㆀ(쌍이응) · 73

　6) ㆅ (쌍히읗) · 73

　7) · (아래아) · 74

　8) ◇ (마름모 미음) · 75

　9)·· (쌍아래아) · 76

3. 한글 어문규범의 제정 · 79

    1) 국문연구의정안 · 80

    2) 한글맞춤법통일안 · 82

4. '국한혼용'에서 '한글전용'으로 · 86

5. '세로쓰기'에서 '가로쓰기'로 · 88

6. '띄어 쓰지 않기'에서 '띄어쓰기'로 · 90

7. 선과 점과 원의 변화 · 93

    1) 직선 ⇒ 곡선 · 93

    2) 점 ⇒ 선 · 94

    3) 꼭지 없는 원 ⇒ 꼭지 있는 원 · 95

    4) 한글 자모의 서체 변화 · 95

8. 한글의 과학화 · 99

    1) 한글의 모스부호화 · 99

    2) 한글 타자기 · 101

    3) 한글 문서작성기 · 106

    4) 한글 속기 · 108

    5) 한글 코드 · 109

9. 언어문화적 측면에서 본 한글 변화의 이유 · 119

    1) 의사전달의 정확성과 신속성을 위해서 · 120

    2) 생각과 느낌의 전달 방법을 변화시키기 위해서 · 121

    3) 정서 표시의 방법을 달리 하기 위해서 · 122

    4) 한글 표현의 새로운 방법을 강구하기 위해서 · 122

제 3 장 ㅣ 한글과 문화

1. 종교와 한글 · 127

    1) 불교 · 127

    2) 유교 · 133

    3) 도교 · 135

    4) 기독교 · 136

5) 동학 · 137

6) 민간신앙 · 139

7) 부적 · 141

2. 인간관계와 한글 · 142

1) 부부 · 142

2) 부모와 딸 · 147

3) 족보와 한글 · 155

3. 생활과 한글 · 159

1) 남성의 생활과 한글 · 159

2) 여성의 생활과 한글 · 160

3) 식생활과 한글 · 168

4) 주생활과 한글 · 180

5) 놀이문화와 한글 · 181

4. 인간과 자연과 한글 · 190

5. 예술과 한글 · 193

1) 서예와 한글 · 196

2) 그림과 한글 · 199

3) 음악과 한글 · 211

4) 한글 폰트 · 221

제 1 장

—

훈민정음 창제

1. 문자에 대한 접근 방법

문자는 인류가 말을 표기하기 위하여 만들어 낸 기호체계이다. 의사소통의 직접적 도구인 '말'의 시간적·공간적 제약을 벗어나기 위해 만들어진 표기수단이다. 그래서 문자는 '말'의 모든 기능을 대체하기 위한 방향으로 변화·발전하여 왔다.

그러나 말에 1대 1로 정확히 대응되는 문자는 없다. 말소리의 다름을 다 표기할 수 있는 문자도 없거니와 설령 그러한 문자의 발명이 가능하더라도 오히려 의사소통을 방해하므로 불필요한 문자가 될 것이다. 가장 바람직한 문자는 그 언어의 음소와 의미를 동시에 표기해 주는 문자이지만, 그러한 문자는 존재할 수 없다. 표음문자와 표의문자가 따로 존재하는 사실이 그것을 증명한다. 이러한 점에서 소리에 의미가 동시에 실현될 수 있는 '말'의 구조나 기능이, 형태에 소리와 의미를 동시에 포함시킬 수 없는 '문자'의 구조나 기능과는 차이를 보일 수밖에 없다.

말은 녹음기가 발명되기 이전에는 소리로서 기록된 적이 없다. 문자로 기록하여 왔기 때문에 인류의 역사도 문자로 기록되어 왔다고 할 수 있다. 그래서 문자에 대한 연구는 곧 인류의 언어에 대한 연구이자 동시에 인류의 역사에 대한 연구이며 인류의 문화에 대한 연구이다. 주로 문자를 통해 그것을 볼 수 있기 때문이다.

문자에 대한 지식 없이 그 언어에 대한 연구가 이루어질 수 없으며, 인류의 역사와 문화에 대한 연구가 진척될 수 없다. 그래서 문자에 대한 연구는 좁게는 언어 연구를 위하여, 넓게는 인류의 역사와 문화에 대한 연구를 위하여 필수적이다.

문자는 일차적으로 언어학자, 특히 언어의 역사를 연구하는 사람들의 중요한 연구 대상이다. 언어학자들이 문자에 관심을 가지는 이유는 문자를 통해서 언어를 연구할 수 있기 때문이다. 문자학이 언어학의 부분 영역이라고 하더라도 문자에 대한 언어학의 관심 영역과 문자학의 관심 영역은 차이를 보일 수 있다. 언어학에서는 문자보다는 언어의 해독이 주된 목적이지만, 문자학에서는 언어보다는 문자 자체에 초점이 놓이기 때문이다. 문자의 해독은 물론, 문자 사용의 역사나 문자의 변화, 그리고 문자와 언어의 관련성 등은 주된 언어학적 관심이라고 할 수 있다. 구체적으로는 문자와 소리(또는 발음이나 음소), 또는 문자와 의미와의 관계에 집중한다. 이러한 직접적 이유로 언어학에서는 문자의 보편성이나 문자의 유형 등에는 크게 관심이 없고 주로 개별 문자에 더 많은 관심을 가진다.

문자학에서는 매우 다양한 부문에 관심을 가진다. 문자에 대한 관심은 대개 다음과 같다.

① 문자의 본질   ② 문자의 세계적 분포
③ 문자의 종류   ④ 문자의 기원과 계통
⑤ 문자의 형성과 발전   ⑥ 그림과 부호와 문자의 관계
⑦ 문자의 전파   ⑧ 문자의 비교(소위 비교문자학)
⑨ 소실 문자 및 미해독 문자   ⑩ 문자의 이체자

문자학 일반론(예컨대 문자학개론 등)에서의 문자에 대한 논의와 개별 문자에 대한 논의도 그 연구 방법과 연구 내용에 차이가 있다. 특히 개별 문자에

대해서는 좀 더 정밀하게 연구되고 있다. 예를 든다면 한글과 한자에 대한 연구는 개별 문자에 대한 연구이어서 그 내용이 정밀하여야 한다.

　언어학이나 문자학에서 연구되는 내용은 문자의 형태적인 특징에 한정되는 것으로 보인다. 문자는 민족적·국가적·사회적 기능을 지니고 있다. 문자가 지니고 있는 다양한 기능에 대해서는 문화적 측면에서 깊이 있게 논의되어야 할 것이다. 문화는 문화 전통에 따라 각각 다른 표기를 사용하고 있다. 한 국가에서 주로 사용되는 문자가 있는가 하면 민족별로 구분되어 사용되는 문자도 있다. 사회적으로는 한 문자만 사용하는 곳이 있는가 하면 2개 문자를 동시에 사용하는 곳도 있다.

　이처럼 문자가 지니는 민족적·국가적·사회적 기능을 파악하기 위해서는 다음과 같은 점을 연구하게 된다.

① 세계의 각 문자들이 그것이 사용되고 있는 국가, 민족, 사회의 문화 발전에 어떠한 영향을 주고 있는가를 연구한다.

② 어떠한 문자가 문화를 창조하고 문화를 전달하며, 의사소통을 하는 데 가장 적합한 기능을 하는가를 연구한다.

③ 그 문자들이 각 사회의 다양한 계층의 의사를 어떻게 전달하고 전달받아 문화를 축적하는가를 연구한다. 즉 빈부, 남녀, 노소, 각 계층(예컨대 학생, 노동자, 정치인) 간의 문자 사용 양상을 연구한다.

④ 그 문자들이 그러한 각각의 기능을 하는 중요한 이유를 연구한다.

⑤ 문자와 국가, 문자와 민족, 문자와 사회의 결속력과 문화 지위와의 관계를 연구한다.

⑥ 세계 각 문자 연구와 함께 그 나라의 문화를 연구한다.

⑦ 없어진 문자와 국가, 민족과의 관계를 연구한다.

⑧ 문자가 소멸되는 이유를 연구한다.

위에서 언급한 바와 같이 문자는 여러 측면에서 연구될 수 있다. 언어학, 문자학, 문화학의 측면에서 문자를 연구할 때, 그 연구의 목적이나 방법 그리고 연구 내용에 차이가 있을 수 있다.

그러나 이중 어느 한 면에서만 연구된다면 문자의 특성이나 기능을 다 밝혀내기 어려울 것이다. 다양한 면에서 종합적으로 연구될 때 그 문자의 가치가 정확하게 파악될 수 있다.

2. 한글에 대한 다양한 시각

국어와 한글을 문화적인 측면에서 접근하면, 그 기능은 우리가 상식적으로 생각했던 것과는 다른 모습임을 알 수 있다. 언어와 그것을 시각적으로 표현하는 문자는 매우 다양한 기능을 가지고 있어서, 어떠한 기능 면에서 바라보는가에 따라 전혀 다른 모습을 보일 수 있다. 그럼에도 불구하고 상당수의 사람들은 국어와 한글을 국어학자들의 전유물인 것처럼 생각한다. 그러나 국어학자들은 국어와 한글을 단순히 의사소통의 도구로서만 인식하여 왔다. 국어와 한글을 통해 사람들이 협동하고 상호작용을 주고받는 다양한 문화적 기능은 애써 무시하여 왔다. 오늘날 국어와 한글은 컴퓨터를 통한 정보 전달의 중요한 도구로서 더 많은 기능을 하게 되어 말과 글자와 화상을 동시에 이용하여 복잡한 개념 및 의미와 감정을 정확하고 신속하게 전달하는 중요한 요소로 자리 잡게 되었다. 즉 국어와 한글의 기능은 언어로서보다는 문화로서의 기능으로 확대된 것이다. 이러한 사실은 언어와 문자에 대한 시각이 분석적인 것에서 종합적인 것으로 변화하고 있음을 시사하고 있다.

국어 및 한글에 대한 관심이 문화적 측면에서 연구·검토되면서 다양한 분야에서 이에 대한 연구가 진행되고 있다.

국어학자들은 사람들이 발음기관을 통해 어떻게 소리를 생성하며 이 소리는 어떻게 듣는 사람에게 전달되어 의미를 전달하는지에 대해 관심을 가진다. 그리고 이 소리를 표기한 한글 속에서 우리말을 끄집어내는 일에 집중한다. 그래서 국어와 한글을 정밀하게 분석하여 언어와 문자의 구성요소들이 결합하고 해체되는 구조와 체계를 연구한다.

국문학자들은 작가의 심상을 전달하는 도구로 국어와 한글에 접근한다. 언어와 문자를 어떻게 운용하여 전하고자 하는 작가의 심상을 나타낼 수 있으며 또 그것이 어떻게 반응되는가를 연구한다.

한글서예가들은 한글의 선을 통해 아름다움을 창조하는 도구로서 한글을 인식한다. 그리하여 어떠한 내용을 어떠한 한글 서체를 통해 어떠한 구조로 화선지 위에 그릴 것인가에 관심을 가진다.

디자이너들은 이미지 전달의 도구로서 한글을 생각한다. 한글이라는 문자를 그림으로 디자인하여 그 한글이 전하고자 하는 의미를 감성적으로 전달하고자 한다.

출판계는 한글 활자를 통해 생각과 느낌을 신속하고 정확하게 전달하되 시각적으로 아름다운 감성까지도 동시에 전달하는 데 관심을 가진다.

컴퓨터 분야에서는 한글을 0과 1이라는 2진수로 배열된 코드로 인식하고 이를 폰트라고 하는 과정을 통해 컴퓨터 화면과 종이 위에 실현하고자 한다.

심지어 한글과는 전혀 상관이 없을 것처럼 여겼던 무용계에서는 선과 율동과 음악을 통해 한글의 아름다움을 재현하기도 한다.

3. 말과 문자와 문화의 관계

인간은 말과 문자를 통해 사상이나 감정을 정확하고 신속하게 전달하고 전달받는다. 이 말과 문자를 활용하는 언어활동을 통해 인간은 협동을 할 수 있다. 말을 통해서는 주로 동시적 협동을, 문자를 통해서는 주로 계기적 협동을 하여 왔다.

말과 문자를 통해서만 인간은 협동을 할 수 있다. 구약성서 창세기 11장에 나오는 바벨탑 이야기는 그것을 단적으로 증명한다. 노아의 홍수가 있은 이후 노아의 후손들은 하늘에 닿는 바벨탑을 쌓으려고 했다. 그러나 신은 그들의 언어를 모두 다르게 하였다. 그 결과 노아의 후손들은 서로 협동이 가능하지 않게 되어 바벨탑을 쌓는 데 실패하였다.

협동을 통해 인간은 문화를 창조하고 축적해 간다. 따라서 말과 문자는 인간의 문화를 창조하고 전달하는 유일한 도구라고 할 수 있다. 이러한 이유로 인류 문화의 발달은 말과 문자를 어떻게 효율적으로 표현하는가 하는 노력에 따라 이루어져 왔다. 즉 말과 문자를 제대로 이용할 줄 아는 민족이나 국가만이 문화 발전을 거듭하여 왔다고 할 수 있다.

인간은 말이 지니고 있는 제약을 벗어나기 위해서 문자를 만들어 냈다. 그러나 말과 문자의 제약이 여전하여 이 제약에서 벗어나기 위한 끊임없는 노력을 기울여 왔다. 말을 여러 사람이 한꺼번에 듣게 하기 위하여 확성기를 발명하였고, 멀리 있는 사람에게 전달하기 위하여 전화기를 창안해 냈다. 말을 한꺼번에, 여러 지역에 있는 여러 사람에게 전달하기 위해 라디오를 발명해 냈다. 오늘 말한 것을 내일 다시 듣기 위해 녹음기도 만들어 냈다. 문자를 멀리 있는 사람에게 전달하기 위해 팩스를 생각해 냈고, 한꺼번에 여러 사람에게 전달하기 위해 책, 신문, 잡지 등을 만들어 냈다.

그러나 청각적인 말과 시각적인 문자만으로는 전달하고자 하는 내용을 정확하고 신속하게 전달하기 쉽지 않아서 청각적인 요소와 시각적인 요소를 동시에 전달할 수 있는 방식, 즉 멀티미디어 방식을 발명해 내었는데, 그것이 곧 텔레비전이다. 말과 문자와 화상을 동시에 사용하여 전달 효과를 극대화한 것이다. 그러나 이 방식의 문제점은 전달 방향이 일방적이라는 점이다. 말과 문자와 화상을 동시에 양방으로 주고받는 방식이 만들어졌는데, 그것이 곧 컴퓨터를 이용한 인터넷이다. 이러한 발달 과정을 표로 보인다면 다음과 같다.

화자	방식	매개체	청자	시대
개인	본래적 방식	말 문자	개인	개인전달 시대 (~19세기)
	기계적 방식	전화기(말) 녹음기(말) 팩스(문자)		
개인 대중	본래적 방식 + 기계적 방식	확성기, 라디오(말) 신문(문자) TV(말, 문자, 동화상)	개인 대중	매스컴 시대 (20세기)
개인 대중	디지털 방식	컴퓨터(말, 문자, 동화상)	개인 대중	정보(화) 시대 (21세기)

	전달자 1인 : 수신자 1인		전달자 1인 : 수신자 다중
	공간적 제약 극복	시간적 제약 극복	
말	확성기,전화기	녹음기	라디오
문자	팩스	제약 없음	신문, 잡지
말·문자·동화상 (멀티미디어 방식)	컴퓨터를 이용한 인터넷		텔레비전

국어와 한글을 발전시킨다는 의미는 국어와 한글이 우리나라 문화 발전

의 기본적인 도구이며 원동력이므로 우리의 문화를 발전시킨다는 의미이다. 그래서 물과 공기가 인간의 생명줄이라고 한다면 언어와 문자는 문화의 생명줄이라고 할 수 있다.

4. 한글의 기능

1) 문화적 기능

말과 문자는 의사전달의 매체다. 전술한 바와 같이 인류는 의사전달을 통해 협동하고 협동을 통해 문화를 창조하고 축적한다. 따라서 한글의 일차적인 기능은 문화를 발전시키는 기능, 곧 문화적 기능이라고 할 수 있다.

한글이 창제된 이후, 문화에 대한 접근이 한글을 통해서 가능해졌다고 할 수 있으므로 한글은 문화적 기능을 보인다고 할 수 있다.

2) 민족적 기능

우리말과 우리글은 세계의 여러 곳에서 사용되고 있다. 특히 전 세계 곳곳에 살고 있는 우리 동포들은 대부분 그 지역의 언어, 문자와 함께 우리말과 우리글을 동시에 사용하고 있다.

남한, 북한, 그리고 중국, 중앙아시아, 미국, 일본 등지에서 우리 민족이 사용하고 있는 우리말과 글자는 모두 조금씩 차이가 있지만 본질적으로는 우리말과 글자이다.

우리는 지금 남북이 분단되고, 우리 민족이 세계 곳곳에 흩어져서 살고 있기 때문에, 서로 문화전달이 되지 않아 민족적 동질성을 가지고 있지 않은 듯이 해석하고 있다. 심지어 우리나라 문자의 명칭도 통일되어 있지 않다.

각 지역에서 사용되는 우리말과 우리 문자의 명칭을 보면 다음과 같다(남한과 북한을 제외한 모든 통계자료는 재외동포재단에서 2011년을 기준으로 하여 조사한 것이다).

지 역	언어명칭	글자명칭	사용자수
남한	한국어	한글	48,580,293명(2011년)
북한	조선어	조선글	24,720,000명(2013년)
중국	조선어	조선글	2,704,994명
중앙아시아	고려어	고려글	535,679명
일본	조선어(한국어)	조선글(한글)	904,806명
북미	한국어	한글	2,408,490명
유럽	한국어	한글	121,028명
중남미	한국어	한글	112,980명
아프리카	한국어	한글	11,072명
중동	한국어	한글	16,302명
아시아	한국어	한글	453,420명
합 계			약 80,569,064명

약 8천56만9천 명이 한국어를 사용하고 있는 셈이며 한글 사용자 역시 그 수에 가까울 것이다. 만약 이들이 사용하는 언어와 문자가 다르다면, 의사소통에 장애가 발생하여 문화 교류에 문제가 발생할 수 있다. 그 한 예를 몽고족에게서 볼 수 있다.

중국의 내몽고에 살고 있는 몽고족은 중국 소수민족의 하나로서 자치주를 이루고 그들의 언어를 사용하고 있지만, 문자는 몽고 문자나 러시아 문자가 아닌 한자를 사용하고 있다. 반면에 독립국가를 이루고 있는 외몽고의 몽고족은 몽고어를 사용하지만 문자는 러시아의 키릴 문자를 사용하고 있다. 내몽고의 몽고인과 외몽고의 몽고인이 만나면 서로 말은 통하되 문자로서는 의사소통이 되지 않는다. 곧 민족문화의 단절 현상이 일어나고 있는 것이다. 이 현상은 중국의 소수민족에서 흔히 발견되는 문제이다. 남한과 북한, 그리고 중국을 비롯한 외국에 살고 있는 우리 민족들은 말과 문자가 서로 통해서 우리말과 글자는 민족문화를 면면히 이어오는 데 중요한 역할을 하고 있다. 이처럼 한글은 민족을 이어 주는 중요한 민족적 기능을 가지고 있는 것이다.

3) 사회적 기능

우리나라 사람들이 현재까지 역사적으로 접촉하여 왔고 또 사용하였던 문자는 대체로 다음과 같은 10개의 문자이다.

이 문자들의 사용자 계층은 각기 달랐다. 특히 외국 문자 중 동양 문자는 한자를 제외하고는 특수한 계층(예컨대 역관이나 승려 등)이 사용하였고, 알파벳은 19세기 말 이후에 들어온 문자로서 오늘날에는 또 다른 사용자 계층을 형성해 가고 있다.

우리가 주로 사용했던 문자는 '한자'와 '한글'이다. '한자'는 우리 글자가 없던 시절에 우리말을 표기해 오던 유일한 문자였다. 그러나 교육받을 기회의 불평등 및 한자 습득의 어려운 점 등으로 인하여 주로 일부 계층의 사람들이 사용하여 왔고, 이 현상은 훈민정음이 창제된 이후에도 크게 달라지지 않았다. 한자가 마치 국가의 공식 문자처럼 인식되어 한자를 모르면 신분상승이 어렵던 시절에, 한자 사용자들은 문화 기득권을 그대로 향유해 왔다. 이 것은 곧 일정한 계층들끼리만 한자를 통해 의사소통을 이루어 왔음을 의미한다. 한자를 모르는 계층은 한자를 아는 계층과의 사회적 단절이 극심했다고 할 수 있다. 그런데 훈민정음이 창제된 이후에는 서민들이나 하층민들도 한글을 통해 의사소통이 가능해졌다.

훈민정음이 창제된 이후에 상류 계층의 사람들은, 한자는 물론이고 한글도 이해할 수 있었다. 다만 한자를 중히 여기고 한글을 경시했을 뿐이다. 중류나 하류 계층의 사람들은 한자는 몰라도 한글을 이해할 수 있었다. 그 결과로 각기 다른 계층 간의 의사소통은 한글을 통해 이루어질 수밖에 없었다.

19세기 말 이후에 근대화가 일어난 요인 중에서 한글을 통한 계층 간의 소통이 중요한 기능을 했다고 생각한다. 왜냐하면 이 시기에 한글 사용은 사회 및 국가 전반에 걸쳐 퍼져 나갔기 때문이다. 그뿐만 아니라 한글이 '국문'으로 규정되어 국가의 공식 문서에 한글이 직접 사용되었고 국문연구소를 통한 국어 및 한글 연구가 본격화되었으며, 신식 연활자와 양지가 도입되면서 한글 문헌이 봇물 터지듯 쏟아져 나왔기 때문이다.

결국 한글을 통해서만 모든 계층 간의 원만한 의사소통이 가능하게 되어 한글은 중요한 사회적 기능을 지니게 되었다고 할 수 있다.

5. 훈민정음 창제 이전의 문자생활

1) 도상기호의 사용

중국으로부터 한자가 전래되기 이전에는 우리 민족에게 문자생활이 존재하지 않았다. 한자 전래 이전의 문자생활은 소위 문자에 의하지 않은 도상기호(圖像記號, icon)에 불과한 것이었다.

대표적인 도상기호 유물로서 경남 남해군 상주면 상주리의 남해도 석각(石刻, 경상남도 기념물 제6호)이 있는데, 이것은 소위 선각화(線刻畵)이다. 세칭 '서불과차문(徐市過此文)'이라고 하는데 진시황의 사신 서불(徐市)이 불로초를 구하다가 이곳을 지났다는 전설에 연유한다. 그러나 이것은 한문 비문이 아닌 '서씨과차(徐氏過此)'라는 선각화임이 밝혀졌다.

2) 고유문자설

우리나라에 훈민정음이 창제되기 이전에도 다음과 같은 고유문자가 있었다는 주장들이 있다.[01]

① 각목문   ② 각문자(刻文字)   ③ 고구려문자
④ 고려도서(高麗圖書)   ⑤ 남해도각문(南海島刻文)   ⑥ 발해문자
⑦ 백제문자   ⑧ 법수교비문(法首橋碑文)   ⑨ 삼황내문(三皇內文)
⑩ 수궁문자(手宮文字)   ⑪ 신지비사(神誌秘辭)   ⑫ 왕문문자(王文文字)
⑬ 천부경문(天符經文)   ⑭ 향찰   ⑮ 현묘결문(玄妙訣文)

---

01   권덕규(1923), 『조선어문경위』, 광문사; 김윤경(1938), 『조선문자급어학사』, 조선기념도서출판관; 권상로
(1947), 『조선문학사』, 일반프린트사 참조.

남해 상주리 암각문

    그러나 이 주장들은 그 근거가 박약하다. 아마도 한문이거나 다른 외국 문자로 해석될 여지가 있다. 또한 삼황내문, 신지비사문, 법수교비문, 왕문 문자, 남해도각문, 각목문, 천부경문, 현묘결문 등은 문자 이전의 기호로 추정된다.

3) 한자의 전래

    우리나라에 한자가 전래된 시기에 대해서는 명확한 기록이 없어서 학자들의 의견이 분분하다.

    ① 소위 기자조선에서 위만조선에 이르는 시기[02]
    ② 한사군(漢四郡)이 설치된 기원전 108년경[03]
    ③ 고조선 기원전 3세기경[04]

    그러나 이 주장들은 추정일 뿐이다. 분명한 기록은 문자로 기록한 자료이

---

02   이용주(1974), 『한국 한자어에 관한 연구』, 삼영사.
03   심재기(1971), 『한자어의 전래와 그 기원적 계보』, 김형규박사송수기념논총, 일조각.
04   김민수(1980), 『신국어학사』(전정판), 일조각.

다. 참고로 삼국의 한자로 기록된 자료를 살펴보면 다음과 같다.

	일본에 한자 전래	사서의 편찬	불교의 전래	학교의 설립	현전 최고서	국가 형성
고구려		200년(?) 유기(留記) 600년 신집(新集) 5권	372년	372년	357년 고구려비명	기원전 37년~ 기원후 668년
백제	285년 王仁이 논어, 천자문 전달	375년 서기(書記)	384년		369년 칠지도명문 (七支刀銘文)	기원전 18년~ 기원후 663년
신라		545년 국사(國史)	417~ 527년	682년 국자학 (國子學)	545년 진흥왕 순수비(眞興王 巡狩碑)	기원전 57년~ 기원후 935년

이 표를 통하여, 늦어도 4세기에는 우리나라에서 한자가 널리 쓰이었음을 알 수 있다. 그리고 고구려가 가장 먼저 한자를 받아들였을 가능성이 높다.

한자는 고대 동아시아의 유일한 문자였다. 이것이 주변 민족들 사이에 퍼지는 과정에서 맨 처음 뿌리를 박은 곳이 우리나라였다.

4) 한자를 이용한 읽기, 쓰기

우리 민족은 역사 이래 한국어를 써 왔지만 한국어를 표기하는 문자인 한글은 1443년에 와서야 만들어졌다. 훈민정음이 창제되기 이전에 우리 선조들은 우리의 문자가 없어서 삼국시대 이전부터 중국의 문자인 한자를 빌려 썼다. 한자를 빌려 썼어도 이를 효율적으로 활용하기 위하여 많은 노력을 해왔다. 비록 다른 나라 문자를 빌려 썼어도 한자의 특성을 이용하여 다양한 어문생활을 하여 온 것이다. 문자를 이용한 어문생활은 '읽기'와 '쓰기'이다.

(1) 읽기

읽기는 한문으로 된 글을 읽는 것이었다. 한문 해독을 용이하게 하기 위한 방식을 고안해 냈는데 그것은 다음의 세 가지 방식이었다.

① 권점이나 구두점을 찍어서 문장, 구, 절 등을 구분할 수 있도록 하였다. 그러나 이 방식은 이미 중국에서 사용하여 왔던 방식이다.

② 권점이나 구두점을 찍을 수 있는 위치(즉 문장, 구, 절)에 우리말의 조사나 어미를 끼워 넣어서 해독을 편리하게 하였다. 그 끼워 넣은 부분을 구결(口訣)이라고 하는데, 특히 한문구를 읽을 때의 구결을 순독구결(順讀口訣)이라고 한다. 한문 순서 그대로 읽는 구결이란 뜻이다. 예컨대 한문이 '國之語音 異乎中國 與文字不相流通'이라면 그대로 '국지어음 이호중국 여문자불상유통'이라고 우리 한자음으로 '음독(音讀)'하기도 하였지만, 문맥을 분명히 이해하기 위하여 '國之語音○異乎中國○與文字不相流通○'처럼 권점을 찍기도 하고 '國之語音이 異乎中國ᄒᆞ야 與文字로 不相流通ᄒᆞᆯ 씨'처럼 토(또는 구결)를 달아 읽기도 하였다. 그러나 훈민정음 창제 이전에는 '이, ᄒᆞ야, 로, ᄒᆞᆯ씨'를 표기할 수 없었으므로 이 문법요소들을 한자를 빌려 표기하는 방식으로 달았던 것이다. 즉 '이'는 '是'로, 'ᄒᆞ야'는 '爲也'로, '로'는 '奴'로, 'ᄒᆞᆯ 씨'는 '爲乙士是'로 표기하는 방식이다. 이 방법은 이 글자들의 획을 줄여서 '是'는 '丶'로 '爲也'는 'ソ'로 'ᄒᆞᆯ씨'는 '[illegible]'로도 기록하였다. '是'는 '이 시'여서 그 새김을, '爲'는 'ᄒᆞ 위'여서 역시 그 새김을, '也, 乙, 士'는 각각 그 음을 이용한 것이다. 이 방법은 20세기 초까지도 사용되어 왔다.

③ 그러나 위의 방식은 한문을 읽는 방식일 뿐, 우리말로 읽는 방식이 아니었다. 즉 '國之語音 異乎中國 與文字不相流通'을 '나라의 말이 중국과 달라 문자로 서로 통하지 아니하므로'로 읽는 방식이 아니다. 그래

서 한문을 우리말로 읽는 방식을 고안해 내었는데, 그것을 석독구결(釋讀口訣)이라고 한다. 한문구의 좌우에 붓으로 기록하거나 표시하여서 우리말로 풀어서 읽는 방식이다. 대체로 8세기에서 14세기 사이에서 그러한 자료들이 발견된다.

(2) 쓰기

한자를 빌려 우리의 의사를 표현할 때에도 역시 몇 단계의 변화 과정을 볼 수 있다.

① 우리말을 표기하지 않고 우리의 생각과 느낌을 표현할 때에는 주로 한자로 쓰인 문장, 즉 한문을 이용하였다. 예컨대 '나라의 말이 중국과 달라 문자와 서로 통하지 않는다'는 내용을 '國之語音 異乎中國 與文字不相流通'이라고 쓰는 것이다.

② 한문의 구조대로 쓰는 방식에서 어순을 우리말 어순에 맞추어 쓴다. 임신서기석(壬申誓記石, 552년? 612년?)이 대표적이다. 주로 5세기 이후의 자료에서 볼 수 있다. 예컨대 '壬申年 六月十六日二人幷誓記 天前誓'(임신년 6월 16일 둘이 함께 맹서하여 기록한다. 하늘 앞에 맹서한다)에서 '天前誓'는 원래 '誓(於)天前'이 되어야 하지만 국어 문장의 순서에 따라 바뀐 것이다.

③ 그러나 우리말을 표기하는 수단으로서 한자를 사용할 때에는 한문식 문장으로 사용하지는 않았다. 예컨대 향가인 '처용가'의 첫 부분인 '東京明期月良 夜入伊遊行如可'는 한문으로 해독이 되지 않는 문구이다. 이것은 각 한자들이 '東(시), 京(블), 明(볼), 期(긔), 月(들), 良(애), 夜(밤), 入(들), 伊(이), 遊(놀), 行(니), 如可(다가)'처럼 새김과 음을 이용하여 표기된 것이어서 '시블 볼기 드래 밤드리 노니다가'로 해독이 된

다. 곧 '東, 明, 月, 夜, 入, 遊, 行' 등은 모두 한자의 새김을 이용하여
야 풀이가 되며, '期, 伊' 등은 한자의 음을 이용하여야 해독이 된다.
이렇게 한자를 빌려 우리의 의사를 표현하기도 하였고, 한자의 새김과
음을 이용하여 읽기와 쓰기의 언어활동을 하여 왔다. 특히 한자를 빌
려 우리말을 표기하는 방식을 차자표기(借字表記) 방식이라고 한다. 그
러나 대부분의 쓰기는 한문으로 쓰였다. 이 방식은 상당히 오랫동안
우리 문자생활을 지배하여 왔다. 특히 훈민정음 창제 이후에도 그러한
문자생활이 우리를 지배하여 왔다고 할 수 있다.

6. 동양 주변 국가의 문자 창제

1443년 12월(음력)에 우리나라 문자인 훈민정음이 만들어졌다. 그리고
1446년 9월(음력)에 '훈민정음'이란 문자를 설명한 문헌인 『훈민정음』(훈민정
음 해례본으로 더 잘 알려진 국보 제70호 문헌)이란 책이 간행되어 신하들에게 반사
되어 배포, 즉 반포(頒布)되었다. 많은 사람들은 '훈민정음'이란 문자를 국가
의 문자로 제정하여 법으로 공포한 것을 '훈민정음 반포'라고 알고 있는데,
그것은 잘못 아는 것이다. 훈민정음 반포는 『훈민정음』이란 책을 간행하였
다는 뜻이다. '반포'란 반사(頒賜, 임금이 아랫사람에게 나누어 주는 일)하여 배포
(配布)했다는 뜻이기 때문이다.
　이 훈민정음이 창제된 것은 기적적인 일이지만, 실제로 더 기적적인 일은
이 훈민정음(후에 '한글'로 이름이 바뀌었지만)이 소멸되지 않고 우리나라 문자인
국자(國字)로서 남아 사용되고 있다는 사실이다. 임금이 직접 한글을 만들었
으니 오늘날까지 소멸되지 않고 사용되고 있는 것이 너무 당연한 것처럼 생

각되지만, 사실은 그렇지 않다.

자연 발생적으로 생긴 문자들은 변화를 겪으면서 오늘날까지도 유지되어 오는 것이 대부분이지만, 인공적으로 만들어진 문자는 대부분 얼마 되지 않아 소멸되기 때문이다. 특히 동아시아 지역은 거란족의 거란문자, 몽고의 파스파(八思巴)문자, 여진족의 여진문자, 돌궐제국의 돌궐문자, 중국 탕구트족의 서하(西夏)문자 등의 인공 문자가 많았는데, 이들 문자는 모두 일시적으로 사용되었다가 지금은 쓰이지 않고 그 흔적만 남았다. 특히 거란문자, 파스파문자, 여진문자, 서하문자들은 모두 임금이 직접 관여하여 만들어진 문자임에도 불구하고 오늘날에는 쓰이지 않는 문자가 되었다. 그 문자들의 제정과 소멸을 표로 보이면 다음과 같다.

문자명	국가	창제자	명령자	만든 해	공포한 해	사용
거란 문자	요나라 (거란족)	[대자]야율아보기 (耶律阿保機, 요나라 태조) [소자]야율질라 (耶律迭剌, 태조의 동생)		920년	불명	1191년 소멸
서하 문자	서하국 (티베트 계통의 탕구트족)	미상	이원호 (李元昊, 서하국의 건국자)	1036년	1036년	약 400여 년
여진 문자	금나라 (여진족)	완안희우 (完顔希于)	아골타 (阿骨打, 금의 태조)	1119년	1145년	16세기 말 소멸
파스파 문자	원나라 (몽고족)	파스파 (八思巴, 원의 국사)	쿠빌라이 칸 (Khubilai Khan, 원의 세조)	1265년	1269년	공포 후 100여 년 (원의 멸망과 함께 소멸)

『몽고자운(蒙古字韻)』에 보이는
파스파문자

파스파문자는 1265년에 몽고의 원(元)나라 국사(國師)인 파스파가 쿠빌라이 칸(세조)의 명을 받아 몽골어를 표기하기 위해 만든 문자이다. 몽골어뿐 아니라 중국어, 티베트어, 산스크리트어, 튀르크어 등 몽골 통치 아래에 있는 여러 민족의 언어를 표기하기 위한 공용 문자로 고안되어 1269년 처음 공포되었다. 파스파문자는 공포 이후 100여 년 동안 쓰였지만, 빨리 쓰는 데 어려움이 있는 등 표기가 불편하여 통상 위구르 계통의 문자가 쓰였고 결국 14세기에 원의 멸망과 함께 폐기되었다.

여진문자는 여진족이 금나라에서 사용한 문자로 1119년에 금 태조 아골타의 명에 따라 완안희우(完顔希尹)가 만들었고, 1145년에 공포되었다. 여진문자는 거란문자와 같이 대자와 소자로 나뉘며, 대자가 먼저 만들어지고, 소자가 나중에 만들어졌다.

금조(金朝)에서 국가사업의 일환으로 한서(漢書)를 번역하였으나 일반 서

여진문자

민은 쓰기 어려운 문자여서 충분히 보급되지 않았으며, 뒤에 여진족의 후신인 만주족이 몽골에서 받아들인 위구르계 표음문자로 만주어를 적기 시작하자, 비효율적인 여진문자는 쓰이지 않게 되었다.

거란문자의 자형은 주로 한자의 모양과 원리를 많이 참고한 흔적이 보이며, 거란 소자와 거란 대자 두 종류로 나뉜다.

거란 대자는 920년 요나라의 태조 야율아보기가 직접 창제 작업에 착수하여 같은 해 9월에 완성, 공포하였다고 한다. 한자의 자형과 자의를 참고한 표의문자이다. 거란 소자는 황제의 동생인 야율질라(耶律迭剌)가 위구르의 사자로부터 배운 위구르문자를 참조하여 창작한 것으로 전해지며, 음절 단위의 표음적인 요소를 가지고 있다. 공포 시기는 확실하지 않다. 1125년 요가 멸망하자 곧 사용이 쇠퇴하였으며, 1191년에는 정식으로 요의 뒤를 이은 금이 사용 금지령을 내리게 된다.

한글만이 오늘날까지 계속해서 사용된 것은 한글이 가지고 있는 과학성, 특히 편리성 때문이며, 이것을 보급하려고 했던 여러 분야의 노력이 있었기

거란문자 동경
(국립중앙박물관 소장)

때문이다. 그러나 무어니 무어니 해도 국가가 다른 나라에 정복되어 사라지지 않았다는 역사적 사실, 즉 우리나라가 독립성을 유지하고 한 국가를 존속해 왔기 때문일 것이다.

7. 훈민정음과 한글의 의미

1) '훈민정음'의 용어와 그 의미

'훈민정음'이란 용어는 두 가지 의미로 쓰인다. 하나는 문자 이름이고 또 하나는 『훈민정음 해례본』(국보 70호), 『훈민정음 언해본』과 같은 문헌 이름이다.

오늘날 '훈민정음'은 흔히 '한글'과 혼동된다. 이것은 '훈민정음'의 두 가지 뜻 때문이다. 예컨대 금년(2016년) 한글날은 소위 '한글 반포 570돌 기념일'이 되는데, 이때의 '한글 반포'는 책 이름 '훈민정음(해례본) 반포'를 잘못 쓴 것이다.

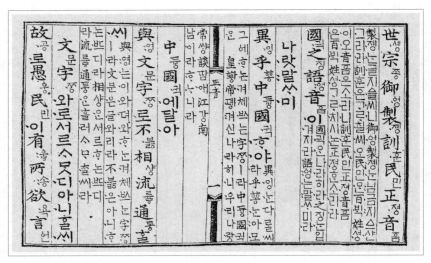

『훈민정음 언해본』

　'훈민정음'의 '훈민'은 그 시대에는 임금만이 사용할 수 있는 어휘다. '훈민'
이란 용어를 통해 훈민정음을 세종이 직접 창제하였음을 알 수 있다. '훈(訓)'은
'가르친다'는 의미를 가진 '교(敎)'와는 달리 윗사람이 아랫사람에 대하여 쓰는
것이며 '교(敎)'는 아랫사람이나 윗사람에게 두루 쓰는 글자이기 때문이다.

　문자 이름을 '훈민정자(訓民正字)'나 '훈민정문(訓民正文)'이라고 하지 않고
정음(正音), 즉 '소리'라고 한 이유는 『훈민정음』 서문을 보면 쉽게 이해된다.

　우리는 『훈민정음 언해본』에 보이는 '나랏 말ᄊᆞ미 中國에 달아 文字와로
서르 ᄉᆞᄆᆞᆺ디 아니 ᄒᆞᆯᄊᆡ'의 '문자(文字)'를 모두 '한자'로 해석하고 있다. 그러나
'나랏말씀'과 '문자'가 '서로' 통하지 않는다는 것은 논리적으로 문제가 된다.
'나랏말씀'은 '소리'인데, '문자'는 '글자'이기 때문이다.

　'문자(文字)'의 의미는 '예전부터 전하여 내려오는, 한자로 된 숙어나 성구
(成句) 또는 문장'을 뜻한다. 이런 뜻의 '문자'는 오늘날에도 '문자 쓴다'거나

'문자속 기특하다' 등으로 사용되고 있다. 이러한 주장의 근거는 『훈민정음 언해본』에서 찾을 수 있다.

위의 그림에서 볼 수 있듯이, '국지어음(國之語音)'을 앞에 제시하고 그 뒤에 '나랏말ㅆ미'를 대비하고 있는데, '국지어음'이 문자이고, '나랏말ㅆ미'가 '정음(正音)'이다. 그러니까 '문자'와 '정음'을 대비해 놓고 '국지어음'이라고 말하지 말고 '나랏말ㅆ미'로 말하고 읽으라는 의미이다. 그래서 '정자(正字)'나 '정문(正文)'이 아니라 '정음'인 것이다.

2) '한글'의 용어와 그 의미

'한글'이란 단어를 각종 사전에서는 '우리나라 고유의 글자 이름'이라고 풀이가 되어 있을 뿐, 한글이 어떠한 뜻을 지니고 있는지에 대해서는 밝혀 놓지 않고 있다.

대부분의 사람들은 '한글'의 '한'이 지니고 있는 뜻을 해석해서 '한글'을 '하나의 글' 또는 '큰 글'이라고 인식하고 있는 것으로 보인다. 실제로 이러한 인식은 오래 전부터 있었다.

> 한글의 '한'은 '크다'라는 뜻과 '하나'라는 뜻이 있다. 그러므로 '한글'은 '큰 글'이라는 뜻도 있고, '하나인 글'이라는 뜻도 있다. 다시 말하면 '한글'이란 온 누리에서 오직 하나인 첫째가는 글이요, 또 법이 한 길로 정리되고 온 겨레에게 두루 쓰이는 큰 글임을 뜻한다.[05]

그러나 이러한 주장은 '한'과 'ᄒᆞᆫ'을 혼동한 데에서 비롯된 것이다. '한'은

---

05 장하일(1946), 『한글 맞춤법 교본』, 고려문화사, 1쪽.

'큰'이란 뜻을 지니지만 '하나'란 뜻을 가지지 못한다. 마찬가지로 '흔'은 '하나의'란 뜻을 가질 뿐 '큰'이란 의미는 없다. 그러므로 '한글'이 '하나의 글'이나 '큰 글'이라는 주장은 옳지 않다.

'한글'의 본래 의미를 찾으려면 '한글'이란 말을 누가 어떻게 만들었는지를 파악하면 될 것이다. '한글'이란 명칭을 누가 언제 만들었는가는 아직 명쾌하게 밝혀지지는 않았지만, 일반적으로 주시경 선생이 지은 것으로 알려져 있다. 최남선은 '조선광문회(朝鮮光文會)'에서 '한글'이란 명칭을 만들었다고 주장하고 있으나, 1910년에 주시경이 쓴 글에 나타나는 '한나라글'에서 '한글'이 비롯되었고, 주시경의 손으로 쓴 각종 증서에 '한말', '배달말글', '한글'이 실용되고 있는 증거가 존재하는 것으로 보아 '한글'은 주시경 선생이 지은 것이라고 주장하는 사람이 많다. '한글'이란 단어가 처음 출현한 것은 1913년 3월 23일에 창립한 배달말글몯음(조선언문회) 창립총회 기록에 나타난다. 창립총회의 전말을 기록한 『한글모 죽보기』의 "四二四六年 三月 二十三日(日曜)下午一時 … 本會의 名稱을 '한글모'라 改稱하고 …"에서 '한글'이 처음 등장한다. 따라서 한글의 가장 오래된 사용 연대는 1913년 3월 23일이 된다. 이 말이 보편화된 것은 1927년 이후라고 한다. 이러한 사실은 여러 기록에서 볼 수 있다.

이 이름 저 이름 쓰다가 드디어 한글이라고 지어져 불리었으니, 이 이름은 주시경 스승님이 처음으로 쓰신 이름이다. 하나인 글이요 가장 바른 길이요 가장 훌륭한 글자란 뜻으로, 우리 글자가 만들어진 지 사백 오륙십 년이 지나서야 비로소 부끄럽지 않은 제 이름을 얻은 것이다.[06]

06 유열(1948), 「한글 강좌」, 조선금융조합연합회.

'한글'은 주시경 선생이 지은 명칭으로, '한나라글'이란 말의 줄임으로 알려져 있다.[07] 이때의 '한나라'는 '韓나라'이고 이중의 '韓'은 '한국(韓國)'의 '韓'이다. '대한민국(大韓民國)'의 '韓'이 아니다. '한국'은 중국에서 우리나라를 지칭할 때 썼던 단어로 '삼한국(三韓國)'의 약자이다. 따라서 '한국'이란 단어는 중국의 사서(史書)에서 일찍부터 사용되어 왔던 단어다. 예컨대 『삼국지(三國志)』 위지 동이전(魏志 東夷傳)에 "辰韓在馬韓之東 其耆老傳世自言 古之亡人 避秦役 來適韓國(진한은 마한의 동쪽에 있다. 그 노인들이 세상에 전하여 스스로 말하기를 옛날에 진나라 노역을 피하여 온 사람이 한국에 왔다)"이란 기록에서 '한국(韓國)'이란 단어를 확인할 수 있다.

따라서 '한글'은 그 원천이 '韓글'로 '한국의 글자'란 뜻을 가진 것이다. '큰글'이나 '하나의 글'이란 의미는 후에 붙여진 설명일 뿐이다.

8. 훈민정음의 제자 원리

훈민정음의 제자 원리는 문자 '훈민정음'을 설명한 문헌인 『훈민정음 해례본』의 정인지 서문에 나온 '상형이자방고전(象形而字倣古篆)', 즉 '상형하였으되 글자는 고전을 본떴다'란 말에 가장 잘 압축되어 표현되어 있다. '상형(象形)'과 '자방고전(字倣古篆)'에 대한 일반적인 해석은 '상형'을 원리로 하고 구체적으로 문자의 형태와 그 결합 방식은 '방고전'의 방법을 택했다는 것이다.

훈민정음의 자음과 모음의 기본 글자는 상형에 의해서 만들어지고 기본

---

07 '한글'의 창시자가 최남선(崔南善) 또는 이종일(李鍾一)이라는 주장도 있다.

글자 이외의 글자는 가획과 합성, 병서, 연서에 의해 만들어졌다.

1) 상형

正音二十八字 各象其形而制之 初聲凡十七字 牙音ㄱ 象舌根閉喉之形 舌音ㄴ
象舌附上腭之形 脣音ㅁ 象口形 齒音ㅅ 象齒形 喉音ㅇ 象喉形[08]

정음 28자는 각각 그 모양을 본떠서 만들었다. 초성은 모두 17자이다. 아음
ㄱ은 혀뿌리가 목구멍을 닫는 모양을 본뜨고, 설음 ㄴ은 혀가 윗잇몸에 붙는
모양을 본뜨고, 순음 ㅁ은 입모양을 본뜨고, 치음 ㅅ은 이 모양을 본뜨고 후음
ㅇ은 목구멍의 모양을 본떴다.

자음 글자는 오음(五音), 즉 아설순치후(牙舌脣齒喉)의 음별(音別)로 각각 기
본글자 ㄱ, ㄴ, ㅁ, ㅅ, ㅇ을 만들었는데, 이들은 모두 자음을 발음할 때의 발
음기관의 모양을 본떠서 만들었다. 이를 표로 보이면 다음과 같다.

오음(五音)	기본자	상형 내용	해석
아음(牙音)	ㄱ	舌根閉喉之形	혀뿌리가 목구멍을 막는 모양
설음(舌音)	ㄴ	舌附上腭之形	혀가 위턱에 닿는 모양
순음(脣音)	ㅁ	口形	입모양
치음(齒音)	ㅅ	齒形	이모양
후음(喉音)	ㅇ	喉形	목구멍 모양

모음 글자도 발음기관의 모양을 상형해서 만들었다고 할 수 있다. 모음
글자는 천지인(天地人) 삼재(三才)를 상형하여 기본자를 만들었다. 이를 보이
면 다음과 같다.

08 「훈민정음 해례본」 제자해.

40

음양별	기본자	자형	상형내용
陽	·	天圓	象乎天
陰	ㅡ	地平	象乎地
	ㅣ	人立	象乎人

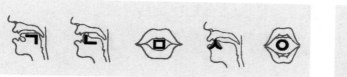

2) 자방고전(字倣古篆)

'자방고전', 즉 '글자는 고전[옛날의 전서(篆書)]을 본떴다'는 말은 곧 전서를 만드는 방법을 본떴음을 의미한다.

하나의 전서(篆書)로부터 다른 전서를 만들어 가는 방법에는 20가지나 되는 다양한 방법이 있다.

① 도(到) ② 반(反) ③ 향(向) ④ 상향(相向) ⑤ 상배(相背) ⑥ 상배향(相背向) ⑦ 근(近) ⑧ 원(遠) ⑨ 가(加) ⑩ 감(減) ⑪ 미가감(微加減) ⑫ 상(上) ⑬ 하(下) ⑭ 중(中) ⑮ 방원(方圓) ⑯ 곡직(曲直) ⑰ 이합(離合) ⑱ 종형(從衡) ⑲ 순역(順逆) ⑳ 내외중간(內外中間)

이 20가지 중에서 몇 가지 중요한 방법과 예를 보이면 다음과 같다.

	명칭	해설	예
1	도(到)	상하로 뒤집어 놓는다.	高 → 杲
2	반(反)	좌우로 뒤집어 놓는다. 형체만 뒤집어 놓는다.	丮 → 𠄔
3	향(向)	좌우로 뒤집어 놓는다. 의미를 반의어로 바꾼다.	后 → 司
4	상향 (相向)	동일한 글자를 좌우로 서로 마주 보게 놓는데, 正字가 왼쪽에 온다. 뜻이 거의 동일하거나 뜻이 더 커지거나 한다.	戶 → 門
5	상배 (相背)	동일한 글자를 좌우로 서로 마주 보며 놓는데, 정자가 오른쪽에 놓이고 왼쪽에는 동일한 글자를 그것과 대칭이 되도록 놓는다. 의미관계도 상관이 없다.	屮 → 艸
6	상배향 (相背向)	상향으로 만든 글자를 상배자로 만드는 것을 말한다.	臣 → 𡘊

7	가(加)	가획을 말한다. 동일한 글자를 겹치는 것도 加라고 한다.	상하	二 一 → 三 二 二 → 亖
			좌우	山 山 → 屾 百 百 → 皕

8	감(減)	획을 줄이는 것을 말한다.	二 十 → 廿
9	미가감 (微加減)	획이 작은 것을 늘이고 줄이는 것이다.	王 → 土

위의 방법 중에서 훈민정음의 모음 제자 원리와 연관된 방법은 '도(到), 반(反), 상향(相向), 상배(相背), 상배향(相背向)' 등이며, 자음과 연관된 방법은 '가(加)'와 '미가감(微加減)'의 방법으로 해석된다. 모음의 '도(到)'와 '반(反)'의 예를 들면 다음과 같다.

　도(到) : ㅗ ↔ ㅜ, ㅛ ↔ ㅠ 등
　반(反) : ㅏ ↔ ㅓ, ㅑ ↔ ㅕ 등

'가(加)'는 매우 폭넓은 개념으로 사용되는 것이어서 획을 더하는 것과 글자들이 병렬되는 것을 다 포함한다. 상하로는 획을 더하고, 좌우로는 동일한 글자를 첨가한다. 따라서 한 획을 더하는 것도 '가(加)'이고, 동일한 글자를 중첩한 것도 '가(加)'이다.

훈민정음의 가획법 및 합성, 병서 및 연서법과 한자 전서의 '가(加)'의 방법을 비교하여 보면 훈민정음의 제자 원리가 더욱 정밀하고 또 체계적임을 알수 있다.

이러한 원리에 의하여 훈민정음 자음 글자 17자의 가획법을 정밀하게 검토하여 보면 몇 가지 특징이 드러난다.

① 기본자모(ㄱ, ㄴ, ㅁ, ㅅ, ㅇ)의 위, 아래, 가운데에 가획한다.

② 가획은 가로로 하는 방법과 세로로 하는 방법이 있다.

③ 가로로 가획하는 경우에는 기존 선의 길이만큼 가획을 한 반면에 세로로 가획을 하는 경우에는 기존의 선 길이에 비해 거의 반만 가획하고 있다.

이와 같은 가획법의 성질에 따라 자음 글자를 재분류하면 다음 표와 같다.

		아래에 가획		가운데에 가획		아래에 가획		중첩
기본자	1차 가획자	가로	세로	가로	세로	가로	세로	
ㄱ				ㅋ				ㄲ
ㅁ			ㅂ					ㅃ
	ㅂ						ㅐ(ㅍ)	
ㅅ		ㅈ						
							△	ㅆ, ㅉ
	ㅈ		ㅊ					
ㅇ		ㆆ						
			ㆁ					ㆀ, ㆅ
	ㆆ		ㆅ					

이 자음 글자 중에서 특이하게 만든 것은 ㅂ, ㅍ과 ㄹ, ㅿ, ㅇ이다. ㅂ은 ㅁ에서 세로획의 위 두 꼭지를 위로 가획한 것이어서, 두 번 가획한 것이며, ㅍ은 ㅂ을 아래로 두 세로선을 가획한 다음 우(또는 좌)로 90도 회전하여 만든 것이다. 이것을 ㅐ의 모양으로 만들지 않고 옆으로 눕혀서 ㅍ으로 만든 것은 아마도 글자체의 안정을 위한 것으로 해석된다. ㄹ, ㅿ, ㅇ은 기본자 ㄴ, ㅅ, ㅇ을 가획한 것으로 해석할 수 있으나 이미 ㄴ, ㅅ, ㅇ은 각각 ㄷ, ㅈ, ㆆ의 가획자가 있기 때문에 『훈민정음 해례본』의 설명에서는 이들을 이체자로 설명한 것으로 보인다.

그런데 이들 가획 과정에서 문자의 변형이 일어난다. ㄱ → ㅋ, ㅅ → ㅈ, ㅇ → ㆆ 등은 기본 글자인 ㄱ, ㅅ, ㅇ에 변화가 없지만 ㄴ → ㄷ, ㅁ → ㅂ 등과 ㅊ, ㅎ, ㅇ 등은 선의 길이에 변화가 일어난다. 즉 ㄴ에 ㅡ를 가획할 때 ㄴ의 세로선의 길이가 거의 반으로 줄어들며 ㅁ에서 ㅂ으로 가획할 때에도 ㅁ의 좌우 세로선의 길이만큼 가획한 것이 아니라 그 세로선의 반만큼만 가획한다는 점이다. 이와 같은 사실은 ㅈ → ㅊ, ㆆ → ㆅ, ㅇ → ㆁ에서 세로선의 경우도 마찬가지이다. 그래서 오늘날에는 이 세로선이 마치 꼭짓점으로 인식될 정도로 짧아졌다.

　이처럼 가로 가획선에 비해 세로 가획선을 그 길이의 반 정도로 한 것은 전서의 미가감법(微加減法)에 기인한다. 미가감법은 선의 길이가 짧은 것은 늘이고 긴 것은 줄이는 것을 말한다.

　이와 같은 미가감법을 이용한 자형은 오늘날 그 자형에 의문을 품고 있던 ㄷ, ㅂ, ㅍ 글자를 설명할 수 있게 해 준다.

　ㄷ 글자는 원래 ㄴ에 한 획을 가획한 것이어서, 그 원칙대로 문자를 만든다면 ㄷ 글자의 가로선의 길이와 세로선의 길이가 같은 정사각형에서 오른쪽 세로선이 없어진 형태이어야 하는데, 세로선이 가로선의 반 정도가 줄어든 형태가 되었다. 이것은 소위 미가감법에서 미감법(微減法)에 의해 만들어진 것이다. 세로선의 길이를 줄인 것이기 때문이다.

　ㅂ 글자는 ㅁ에 세로로 두 번 가획한 것인데, ㅁ 글자의 세로선만큼 가획한 것이 아니라 그것의 반 정도만 가획한 것이다. ㅍ도 마찬가지이다. 그리하여 다음 그림과 같은 자형을 갖추고 있는 것이다. 이 그림에서 왼쪽과 아래쪽에 선을 긋고 세로선의 길이를 배분해 본 자료를 보면 확실하게 그러한 사실을 알 수 있다.

　이러한 것은 각자병서에서도 나타난다. ㄲ, ㄸ, ㅃ, ㅉ의 가로선의 길이를 반 정도로 줄인 것이다. 창제 당시의 각자병서의 모습을 보이면 다음과 같다.

ㄲ	ㄸ	ㅃ	ㅆ	ㅉ	ㆆ
ㄲ	ㄸ	ㅃ	ㅆ	ㅉ	ㆅ

자음자 중에서 ㄹ은 기본자 ㄴ을 바탕으로 생각할 때, 하나의 선이 가획된 것이 아니다. ㄴ에서 가획한 ㄷ을 다시 가획한 것으로 보인다. 즉 ㄷ에 ㄱ을 미가(微加)한 것이다. 그래서 ㄹ의 세로선은 가로선 길이의 반밖에 되지 않는 것이다. ㄹ, ㆁ, ㅿ이 이체자이지만, 실제로는 가획자로 해석될 소지가 있는 것은 미가감법 때문이다.

ㅸ의 자형도 이 미가감법에 의해 결정된 것으로 보인다. 즉 ㅂ 글자에 비해 그 아래에 붙여 쓴 ㅇ 글자는 원래 글자의 반 정도밖에 되지 않는 크기를 보인다. 다음의 그림을 참조할 수 있다.

이와 같은 방법이 한자 전서(篆書)를 만드는 방식과 같다고 하여 훈민정음의 제자 원리를 자방고전(字倣古篆)이라고 한 것으로 해석된다.

3) 가획(加劃)

자음 글자는 기본 글자를 바탕으로 해서 발음이 센 음의 순서대로 획을 더하는 가획법에 의하여 다른 자음 글자를 만들었다. 이를 보이면 다음과 같다.

기본자	가획자	이체자
ㄱ	ㅋ	ㆁ
ㄴ	ㄷ ㅌ	ㄹ
ㅁ	ㅂ ㅍ	
ㅅ	ㅈ ㅊ	ㅿ
ㅇ	ㆆ ㅎ	

그리하여 훈민정음의 자음은 기본 자음 5자(ㄱ, ㄴ, ㅁ, ㅅ, ㅇ) 이외에 'ㅋ, ㄷ, ㅌ, ㅊ, ㅍ, ㅈ, ㅊ, ㆆ, ㅎ'의 9개와 이체자(그러나 형태적으로는 가획에 의한 것으로 볼 수 있다) 3개(ㆁ, ㄹ, ㅿ)를 합하여 모두 17자이다. 창제 당시의 글자 모습을 보이면 다음과 같다.

4) 합성

모음 글자는 서로 다른 기본자들을 합성하여 만들었다. 기본자인 'ㆍ, ㅡ, ㅣ'를 합성하여 'ㅗ, ㅏ, ㅜ, ㅓ'를 만들고, 다시 이 'ㅗ, ㅏ, ㅜ, ㅓ'를 토대로 하여 'ㅛ, ㅑ, ㅠ, ㅕ'를 만들었다. 이를 보이면 다음과 같다.

초출자(初出字)	제자기준(製字基準)
ㅗ	·與一合而成 (· 와 ㅡ 가 합하여 이루어졌다)
ㅏ	ㅣ與·合而成 (ㅣ 와 · 가 합하여 이루어졌다)
ㅜ	一與·合而成 (ㅡ 와 · 가 합하여 이루어졌다)
ㅓ	·與ㅣ合而成 (· 와 ㅣ 가 합하여 이루어졌다)

재출자(再出字)	제자기준(製字基準)
ㅛ	與ㅗ同而起於ㅣ (ㅛ는 ㅗ와 같으나 ㅣ에서 시작된다)
ㅑ	與ㅏ同而起於ㅣ (ㅑ는 ㅏ와 같으나 ㅣ에서 시작된다)
ㅠ	與ㅜ同而起於ㅣ (ㅠ는 ㅜ와 같으나 ㅣ에서 시작된다)
ㅕ	與ㅓ同而起於ㅣ (ㅕ는 ㅓ와 같으나 ㅣ에서 시작된다)

그리하여 훈민정음의 모음은 기본 모음 3자(·, ㅡ, ㅣ) 이외에 'ㅗ, ㅏ, ㅜ, ㅓ, ㅛ, ㅑ, ㅠ, ㅕ'의 8자를 합쳐 모두 11자이다. 이들의 창제 당시의 모습을 보이면 다음과 같다.

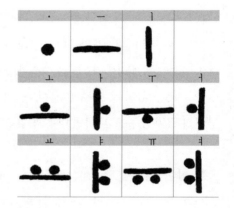

5) 병서와 연서

각 기본자들은 좌우와 상하로 합성할 수 있도록 하였는데, 좌우로 합성한 글자를 병서(竝書)라고 하고, 상하로 합성한 글자는 연서(連書)라고 하였다. 그리고 동일한 자음 글자를 좌우로 합성한 것을 각자병서라고 하고, 상이한 자음 글자를 합성한 것을 합용병서라고 한다. 이를 보이면 다음과 같다.

합성의 방향	명칭	분류	자음의 속성	합성된 글자수	예	각 글자의 크기
좌우	병서	각자병서	동일한 글자	2자 합용	ㄲ ㄸ ㅃ ㅆ ㅉ ㆅ	크기 동일
		합용병서	상이한 글자	2자 합용	ㅺ ㅼ ㅽ ㅾ ㅳ ㅄ	크기 동일
				3자 합용	ㅴ ㅵ	크기 동일
상하	연서		상이한 글자	2자 연서	ㅸ ㅱ ㅹ ㅱ	아랫자 윗자의 반

9. 훈민정음의 과학성

훈민정음은 앞에서 설명한 바와 같이 일정한 제자 원리와 제자 방법에 의해 만들어졌는데, 이 방법이야말로 매우 과학적이라고 할 수 있다. 그러나 제자 원리나 제자 방법 이외의 다른 요소들도 매우 과학적으로 만들어졌다. 그 근거를 몇 가지 제시하면 다음과 같다.

1) 체계적 · 구조적 · 이론적인 훈민정음

(1) 창제 방식이 언어학적이다

훈민정음 제자 원리와 제자 방법이 '상형이자방고전(象形而字倣古篆)'('상형'을 원리로 하고 구체적으로 문자의 형태와 그 결합 방식은 '방고전'의 방법을 택함)이어서 매우 과학적이라고 할 수 있다.

한 음절을 초성, 중성, 종성으로 구분하였다. 초성과 종성은 소리로서는 다른 소리이지만, 음소로서는 한 음소이어서 한 글자로 만들었다. 현대 언어학적 관점에서 보면 이러한 문자는 흔하지 않은 과학적인 음소문자이다.

중국의 운학을 받아들였으나 이를 그대로 받아들이지 않고 창의적으로 변화시켰다. 예컨대 초성, 중성, 종성으로 한 음절을 구분한 것은 현대 언어학적 관점에서 보면 매우 창의적이고 과학적이다. 이에 비해 중국의 운학에서는 성모(聲母)와 운모(韻母)의 이분법으로 구분한다.

(2) 훈민정음 자모의 배열순서가 언어학적이다

훈민정음 창제 당시의 자모의 배열순서는 다음과 같다.

① 자음

아음			설음			순음			치음			후음			반설음	반치음
ㄱ	ㅋ	ㆁ	ㄷ	ㅌ	ㄴ	ㅂ	ㅍ	ㅁ	ㅈ	ㅊ	ㅅ	ㆆ	ㅎ	ㅇ	ㄹ	ㅿ
전청	차청	불청불탁	전청	차청	불청불탁	전청	차청	불청불탁	전청	차청	전청	전청	차청	불청불탁	불청불탁	불청불탁

② 모음

기본자			초출자				재출자			
·	ㅡ	ㅣ	ㅗ	ㅏ	ㅜ	ㅓ	ㅛ	ㅑ	ㅠ	ㅕ
양	음	중	양		음		양		음	

자음은 훈민정음 창제 당시의 언어학이라고 할 수 있었던 운학(韻學)의 '아설순치후'의 배열 방식으로 배열하고 한 음 안에서도 평음(전청음), 유기음(차청), 유성음(불청불탁)으로 구분하여 배열함으로써 언어학의 이론을 바탕으로 하고 있다. 모음 글자는 기본자 '·, ㅡ, ㅣ'를 먼저 배열하고 초출자와 재출자를 구분하여 양성모음과 음성모음으로 구분하여 배열하였다.

『훈몽자회』(1527년)의 범례에 보이는 한글 자모의 배열순서는 다음과 같다.

초성: ㄱ ㄴ ㄷ ㄹ ㅁ ㅂ ㅅ ㅇ ㅋ ㅌ ㅍ ㅈ ㅊ ㅿ ㆁ ㅎ (16자)

중성: ㅏ ㅑ ㅓ ㅕ ㅗ ㅛ ㅜ ㅠ ㅡ ㅣ ·

이 배열순서는 오늘날 한글 자모 배열순서의 기초가 된 것으로, 초성과 종성으로 같이 쓰이던 ㄱ, ㄴ, ㄷ, ㄹ, ㅁ, ㅂ, ㅅ, ㅇ의 8자를 앞에 배열하고 초성에만 쓰이고 종성에는 쓰이지 않았던 ㅋ, ㅌ, ㅍ, ㅈ, ㅊ, ㅿ, ㆁ, ㅎ의 8자를 뒤에 배열하였다. 그것들도 각각 아음(ㄱ), 설음(ㄴ, ㄷ, ㄹ), 순음(ㅁ, ㅂ), 치음(ㅅ), 후음(ㅇ)과 아음(ㅋ), 설음(ㅌ), 순음(ㅍ), 치음(ㅈ, ㅊ, ㅿ), 후음(ㆁ, ㅎ)으로 배열하였다. 모음 글자는 입을 벌리는 각도, 즉 개구도가 큰 것에서 개구도가 작은 것으로 배열하였다.

현대 한글 자모의 배열순서는 다음과 같다.

초성과 종성에 다 쓰였던 글자					초성에만 쓰였던 글자				
ㄱ	ㄴㄷㄹ	ㅁㅂ	ㅅ	ㅇ	ㅈㅊ	ㅋ	ㅌ	ㅍ	ㅎ
아음	설음	순음	치음	후음		아음	설음	순음	후음
	획순	획순			획순				

현대 한글 자모의 배열순서는 『훈몽자회』의 배열순서와 대동소이하다. 다만 배열순서가 달라진 것은 ㅈ, ㅊ인데, 이것은 ㅈ, ㅊ의 음가가 치음으로부터 경구개음으로 변화함으로써 '아설순치후'음의 어디에도 속하지 않아, 별도로 배열한 결과인 것으로 해석된다. 모음 글자는 개구도가 큰 것에서 작은 것으로 배열되었다.

(3) 한글의 선형들이나 자모의 조합이 매우 규칙적이다

각 자모가 한 음절 글자 속에서 차지하는 공간적 위치도 매우 규칙적으로

배분된다.

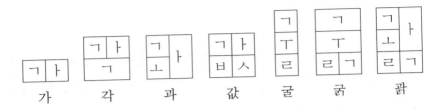

가　각　과　값　굴　굵　곮

좌우상하의 대칭은 대개 2분법이나 3분법에 의한다. 예컨대 '가'는 가로로 2분법으로, '굴'은 세로로 3분법으로, 그리고 '각'은 역시 세로로 2분한 것에서 윗부분을 다시 가로로 2분법으로 나누어 도형학적으로 구분된다. 세계의 어느 글자도 자모의 배분이 일정한 원칙에 의해 이루어지는 것은 볼 수 없다.

(4) 한글은 주로 한 글자에 한 음가를 유지하고 있다

한글은 그 글자의 음가가 일정하다. 'ㅏ'는 [a]일 뿐이다. 영어 알파벳의 'a'는 [에이], [어], [애] 등으로 발음되지만 한글은 한 글자에 한 음가를 가지고 있어서 쉽게 배울 수 있다. 그래서 웬만한 지식을 갖춘 외국인이라면, 한 시간이면 한글의 음가를 다 터득할 수 있을 정도이다.

(5) 훈민정음은 정보화에 유익한 구조를 가지고 있다

한글은 초성, 중성, 종성으로 구분하여 입력할 수 있고, 또 검색이 용이할 뿐만 아니라 글자의 짜임새가 구조적이어서 폰트가 수월하다. 그리고 초성, 중성, 종성을 연결하는 규칙이 매우 체계적이어서 오늘날 휴대전화로 한글을 입력하는 방식, 소위 '천지인 타법' 등이 가능한 것이다.

(6) 한글은 가로쓰기와 세로쓰기가 자유롭다

문자에는 가로로 쓰는 문자와 세로로 쓰는 문자가 있다. 알파벳은 가로쓰기로 되어 있는 문자이지만, 한글은 가로쓰기와 세로쓰기가 자유로운 문자이다. 한자, 일본의 가나 등도 마찬가지이다. 어느 편이 읽기와 쓰기에 더 효율적인가는 관습의 문제일 뿐이다. 오늘날 문화생활에서 가로쓰기와 세로쓰기가 자유로운 문자가 더 효율적으로 이용될 수 있다는 점은 가로로 쓴 광고판과 세로로 쓴 광고판을 보아도 쉽게 알 수 있다.

2) 창조적이고 자주적인 훈민정음

훈민정음은 국어를 면밀히 분석한 후에 만들었으므로 우리가 사용하기에 편리하다. 그 방법이 창조적이고 자주적이라고 할 수 있다. 국어를 정밀하게 분석하였다는 증거는 고유어와 한자음과 외국어를 구분하여 표기하였다는 점에서 찾을 수 있다.

훈민정음은 고유어와 외래어(그 당시로는 한자음)와 외국어(외국어에는 중국음과 범어 등이 있었다)를 표기하는 방식이 달랐다. 그 예를 몇 가지 들어 보도록 하자. 잘 아는 『훈민정음』 서문이다.

① 世솅宗종御엉製졩訓훈民민正졍音흠　② 나랏 말ᄊᆞ미
③ 中듕國귁　　　　　　　　　　　　④ 에 달아
⑤ 文문字ᄍᆞ　　　　　　　　　　　　⑥ 와로 서르 ᄉᆞᄆᆞᆺ디 아니ᄒᆞᆯ씨

②와 ④와 ⑥은 고유어 표기 방식에 따라 표기한 것이고 ①과 ③과 ⑤는 외래어표기 방식에 따른 것이다. 그렇기 때문에 '솅종엉졩훈민정흠'이란 표기는 '世宗御製訓民正音'이란 한자가 없으면 아무런 의미를 가지지 못한다.

마찬가지로 '듕귁'과 '문쫑'도 '中國'과 '文字'란 한자가 없으면 무의미하다. 만약에 '世宗御製訓民正音'이란 한자가 없다면 '셍쫑엉졩훈민졍흠'을 쓸 필요가 없다. 이러한 표기법은 외래어를 표기하기 위한 표기 양식이기 때문이다. '世宗御製訓民正音'이란 한자가 없다면 모음으로 끝난 한자음, 즉 '世, 御, 製'를 '셍, 엉, 졩'가 아닌 '세, 어, 제'로 표기하면 된다. 그래서 『훈민정음』 서문을 써 놓은 곳곳에 한자를 빼고 쓴 언해문의 '셍쫑엉졩훈민졍흠' 표기는 모두 잘못된 표기라고 할 수 있다.

이에 비해 중국음 표기는 전혀 다르다. 우선 모음 표기부터 다르다. 예컨대 '訓導'란 한자는 '훈닿'로, 또 '敎閱'은 '쟐워'로 쓰이었는데, 이것은 완전한 중국음 표기를 위해 마련된 것이었다. 특히 중국음 표기는 오늘날의 한글 표기에서 음절 글자 11,172자 속에 포함되지 않는 것이 많다. 그러나 외국어 표기라고 하여도 범어 표기는 이와는 또 다르다. 예컨대 '檀陀鳩舍隷'를

『월인석보』 서문 부분

다라니경 부분(『월인석보』 권19)

'딴떠갈셔리'로 표기하는 방식은 범어를 표기하는 방식이었다. 위의 그림을 보면 그러한 사실을 잘 알 수 있다. 서체까지도 달리하여 표기하려 했던 것이다.

즉 『월인석보』 서문 부분의 서체와 『월인석보』 다라니경 부분의 서체가 다르다.

3) 경제적인 훈민정음

모음 글자는 점과 선(•ㅣ)이, 자음 글자는 선과 원(ㅣㅇ)이 서로 결합되어 국어의 모든 글자(11,172자)를 표기할 수 있다. 점과 선과 원이라는 가장 단순한 형태로 모든 한글을 표현함으로써 어떠한 사람이라도 간편하고 쉽게 배울 수 있는 편의성이 있다.

4) 철학적인 훈민정음

문자 '훈민정음'을 설명하기 위해서 편찬된 문헌인 『훈민정음 해례본』은 훈민정음에 대한 철학적 근거를 성리학(性理學)에서 구하였다. 훈민정음 창제 당시의 철학적 바탕이 성리학이기 때문이었다. 따라서 문자인 훈민정음에 대한 설명은 언어학적인 것 외에 성리학적 설명이 부연되고 있는 것이다.

성리학은 우주 생성의 원리를 설명하는 데에서 시작된다. 우주를 생성하는 근본적인 요소는 태극(太極)인데 이 태극은 동(動)과 정(靜)의 상태로 존재한다. 동의 상태인 것을 '양(陽)', 정의 상태인 것을 '음(陰)'이라고 한다. 이 두 가지를 '이기(二氣)'라고 하는데, 이것이 교합하여 오행(五行)을 생성한다. 이 이기와 오행이 교합하여 남녀(男女)를 생성하고, 이 남녀가 교합하여 우주만물을 생성한다는 것이다. 이들은 모두 변화하는데, 그 변화의 동인(動因)으로 작용하는 요소가 삼재(三才), 즉 천지인이다.

이 천지인은 우주와 인간세계의 기본적인 구성요소로서, 인간을 중심으로 한 관계의 세계이다. 인간과 하늘의 관계(종교관), 인간과 땅, 즉 자연과의 관계(자연관), 인간과 인간과의 관계(인생관)를 구성하고, 여기에 '물(物)'이 개입하여 인간과 물건과의 관계(사물관)가 성립하여 예전에는 이러한 모든 것을 '재물(才物)'이라고 하였다. 그래서 『재물보(才物譜)』란 책은 천보(天譜), 지보(地譜), 인보(人譜), 물보(物譜)를 나타내므로, 백과사전을 뜻하는 말이었다.

훈민정음은 이러한 세계관으로 설명된다. 그래서 자음은 5분법(아, 설, 순, 치, 후)으로 모음은 2분법(양모음, 음모음)이나 3분법(천지인)으로, 그리고 음절 관계, 곧 초성, 중성, 종성의 관계는 3분법(천지인)으로 설명하고 있다.

자음과 모음은 다음 표와 같이 정리될 수 있을 것이다.

자음

	ㄱ	ㄴ	ㅁ	ㅅ	ㅇ
五聲	牙	舌	脣	齒	喉
五行	木	火	土	金	水
五時	春	夏	季夏	秋	冬
五音	角	徵	宮	商	羽
五方	東	南	末	西	北

모음

·	天圓(하늘은 둥글다)	天開於子(하늘은 자시에 열렸다)
―	地平(땅은 평평하다)	地關於丑(땅은 축시에 닫혔다)
ㅣ	人立(사람은 서 있다)	人生於寅(사람은 인시에 생겨났다)

10. 세종이 계획한 훈민정음의 표기 내용

세종이 훈민정음을 창제한 후에
편찬한 문헌을 보면 훈민정음으로
무엇을 어떻게 표기하려고 했는가를
유추해 볼 수 있다.

『훈민정음 해례본』을 간행한 후
처음으로 간행된 책은 『용비어천가』
이다. 이 『용비어천가』에는 3가지의
표기 현상이 보인다.

첫째는 우리말의 음을 적은 것이
다. 곧 글자가 우리말의 음을 적기
위한 것이어서 ㄱ은 [k] 또는 [g]의 음
을 표기하기 위한 것이며, ㄴ은 [n]음

『용비어천가』

을 표기하기 귀한 것이며 'ㄴ'는 [na]를 표기하기 위해 마련된 것이다. '이 ㄴ
ㄹ샤, 일마다, 이시니, 이, ㅎ시니'가 그것이다.

둘째는 우리말의 성조를 표기한 것이다. 성조를 표기하기 위해서 만든 기
호가 방점이다. 평성은 무점, 거성은 1점, 상성은 2점으로 표기하였다. '六
龍이'의 '이', 'ㄴㄹ샤'의 '샤', '天福이시니'의 '이'와 '니', '古聖이 同符ㅎ시니'의
'이'와 'ㅎ'는 모두 방점이 하나이어서 거성을 나타내며, '일마다'의 '일'과 '마'
가 두 점이어서 상성을, 그리고 나머지 방점이 없는 한글 표기는 점이 없어
서 평성을 나타낸다.

셋째는 우리말의 문법 단위를 표기한 것이다. 이 문법 단위를 표시하기
위해 표시한 것이 권점이다. 권점을 가운데에 두는 것은 구(句) 단위이며 권

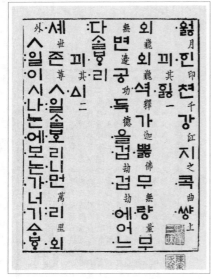

『월인천강지곡』 『석보상절』 권6

점을 오른쪽에 둔 것은 절(節) 단위를 뜻한다. '海東 六龍이 ᄂᆞᄅᆞ샤'의 아래
에는 가운데에 권점(。)이 보이고, '일마다 天福이시니'의 아래에는 오른쪽
에 권점(。)이 보인다. 이것은 문법 단위를 나타낸 것으로 '海東 六龍이 ᄂᆞᄅᆞ
샤까지는 구를, 그리고 '海東 六龍이 ᄂᆞᄅᆞ샤 일마다 天福이시니'까지는 절을
표시하기 위한 것이다.

그런데 흥미로운 사실은 『용비어천가』에는 한자음을 표기하지 않았다는
점이다. 학계의 일부 학자는 훈민정음이 한자음을 표기하기 위해 만들어졌
다고 주장하기도 하는데, 만약에 훈민정음이 한자음을 표기하기 위해 만들
어졌다면, 초기의 문헌인 『용비어천가』에 한자음을 표기하지 않을 리 없었
을 것이다.

『용비어천가』 다음으로 편찬된 문헌은 『월인천강지곡』이다. 이 『월인천강지곡』은 세종이 직접 지은 것으로 알려져 있는데, 이 책은 다른 책과는 상이한 편찬 방식을 보이는 문헌이다. 이 문헌의 특징은 다른 문헌이 한자를 먼저 쓰고 그 아래에 한자음을 단 것에 비하여, 한자음을 먼저 쓰고 그 아래에 한자를 썼다는 점이다. 『석보상절』과 『월인천강지곡』의 사진을 보면 이것을 쉽게 알 수 있다.

　『월인천강지곡』과 『석보상절』은 다음과 같은 구조로 되어 있다.

　『월인천강지곡』 : 윓(月)인(印)천(千)강(江)지(之)콕(曲)
　『석보상절』 : 月(윓)印(인)千(천)江(강)之(지)曲(콕)

　이것은 오늘날 국한혼용을 할 때의 방법, 즉 '월인천강지곡(月印千江之曲)'의 방식과 '月印千江之曲(월인천강지곡)'의 두 가지 방식을 떠오르게 한다.

　이러한 두 가지 표기 방식을 통해 훈민정음 창제 당시에 어떤 방식의 표기를 할 것인가에 대해 고민하고 있었음을 느낄 수 있다. 그리고 이러한 사실로 보아 훈민정음 창제자는 우리 글자를 만들기 위해서 언어의 다양한 특징을 파악하고 있었음을 알 수 있다.

제 2 장

—

한글의 변화

한글이 어떻게 변화하여 왔는가에 대해서는 주로 국어학적인 면에서만 언급되어 왔다. 즉 훈민정음이 창제되던 시기에는 자모가 28자였는데, 'ㅸ, ㅿ, ㆆ, ·' 자가 소멸되었다거나, 그 음들이 어떠한 변화를 겪었다거나 하는 것들이었다. 그러나 한글은 매우 다양한 방면으로 변화를 겪어 왔다.

우리 선조들은 한글을 어떻게 사용해야 의사를 명확하고 신속하게 그리고 정서적인 의미를 담아 상대방에게 전달하여 우리 문화를 발전시킬 수 있는가를 생각해 오고 또 실천해 왔는데, 그 결과는 다음과 같은 것이다.

1. 명칭의 변화

오늘날 우리가 '한글'이라고 하는 명칭은 '훈민정음'에서 곧바로 '한글'로 변화한 것이 아니다. 여러 우여곡절을 겪은 후에 '한글'로 정착된 것이다. 창제 당시의 이름은 '훈민정음'이었다. 그렇다면 이 문자의 이름은 어떠한 변천 과정을 겪었을까?

1) 훈민정음(訓民正音)과 정음(正音)

훈민정음 창제 당시에 우리 문자를 전체적으로 지칭한 표현은 '훈민정음(訓民正音)'과 '정음(正音)'이었다.

是月, 上親制諺文二十八字, 其字倣古篆, 分爲初中終聲, 合之然後乃成字, 凡于

文字及本國俚語, 皆可得而書, 字雖簡要, 轉換無窮, 是謂訓民正音.[01]

이달에 임금이 친히 언문(諺文) 28자(字)를 지었는데, 그 글자가 옛 전자(篆字)를 모방하고, 초성(初聲)·중성(中聲)·종성(終聲)으로 나누어 합한 연후에야 글자를 이루었다. 무릇 문자(文字)에 관한 것과 이어(俚語)에 관한 것을 모두 쓸 수 있고, 글자는 비록 간단하고 요약하지마는 전환(轉換)하는 것이 무궁하니, 이것을 훈민정음(訓民正音)이라고 일렀다.

이 기록에는 임금이 친히 '언문'을 지었으니 이를 '훈민정음'이라 한다고 하였다. 이것으로서 우리 문자의 고유한 이름이 '훈민정음'임을 알 수 있다. 이에 비해서 '언문'은 고유명사가 아니라 중국의 한자에 대해서 그 이외의 문자를 지칭하는 보통명사임을 알 수 있다. 그래서 훈민정음은 언문에 속하지만, 언문이 곧 훈민정음은 아닌 것이다.

2) 언문(諺文)

'언문'이란 원래 '한글'에만 쓰이었던 것이 아니다. 다음의 예문을 보도록 하자.

① 한시는 종성부 사롬이니 유혹 김광듀의 안해라 지아비 죽거룰 언문으로 뻐 셜운 졍을 서셔 벼개 가온대 녀코 스스로 목 즐라 죽다 쇼경대왕됴애 졍문ᄒ시니라[02]

② 이 사롬은 만쥬 사롬이라 집이 흑농강 ᄀᆞᆯ의 이시니 이 곳의셔 동븍으로 삼쳔

---

01 『세종실록』 1443년 계해 12월 30일조.
02 동국신속삼강행실도卷2(1617년) 81b.

니 밧기라 그곳은 한어를 모르고 진셔를 또흔 슝샹치 아니ᄒ니 다만 만쥬 언문
과 만쥬말을 알 ᄯ름이라 어리고 북경을 쳣번 ᄃ녀가ᄂ 고로 말을 못흔다 ᄒ거
늘03

③ 핑관이 ᄀ로오디, "귀국은 무슨 글을 닑ᄂᄂ뇨?" 니 ᄀ로오디, "젼혀 즁국 글을 슝샹
ᄒ니, 뉵경(六經)과 ᄉ긔(史記)를 닑어 즁국과 다름이 업ᄂ니라." 핑관이 무르디,
"귀국의 별(別)노 만든 글ᄌ 잇ᄂ냐?" 니 ᄀ로오디, "언문(諺文)이 잇스니 만쥬 언문
과 비록 글ᄌᄂ 다르나 ᄊᄂ 고즌 머디 아니 ᄒ니라."04

①에서 '언문'은 한글을 지칭하지만, ②와 ③에서 볼 수 있는 '언문'은 만주
글자를 일컫는 것이다. '언문'은 중국 문자에 대해 주변 국가의 문자를 지칭
하는 용어임을 알 수 있다.

3) 언자(諺字)

'언자'는 '언문자'의 약자일 것이다. 가끔 사용되었던 명칭이지만 일반화되
지는 않았다.

輪對, 御經筵。始講大學衍義, 上在東宮, 命書筵官, 將大學衍義, 以諺字, 書語助,
欲教宗室之未通文理者。至是, 又命經筵官當對者, 廣考經史韻書, 以爲註解, 書
於小簡, 逐日啓之, 上以朱筆, 親加點抹。05

---

03 『을병연행록』(1765년) 3, 38.
04 『남졍긔(南征記)』.
05 『문종실록』 5권 1450년 12월 17일조.

윤대(輪對)하고 경연(經筵)에 나아갔다. 처음으로 대학연의(大學衍義)를 강(講)하였는데, 임금이 동궁(東宮)에 있을 때 서연관(書筵官)에게 명하여 대학연의를 언자(諺字)로써 어조사(語助辭)를 써서 종실(宗室) 가운데 문리(文理)가 통하지 않는 자를 가르치려고 하였다. 이때에 이르러 또 경연관(經筵官)으로서 대독(對讀)을 하는 자에게 명하여, 경사(經史)의 운서(韻書)를 널리 상고하여 주해(註解)를 달고 소간(小簡)에 써서 날마다 이를 아뢰게 하고, 임금이 주필(朱筆)로 친히 점(點)을 더하거나 지웠다.

乙卯/命知中樞院事崔恒、右承旨韓繼禧等文臣三十餘人, 用諺字譯蠶書。[06]
지중추원사(知中樞院事) 최항(崔恒)·우승지(右承旨) 한계희(韓繼禧) 등 문신(文臣) 30여 인에게 명하여, 언자(諺字)를 사용하여 잠서(蠶書)를 번역하게 하였다.

4) 반절(反切)

반절이란 원래 한자의 음을 표시하던 방법 중 하나를 지칭하는 말이었다. 예컨대 한자 '東'의 음을 표시하기 위하여 '德紅反切'(주로 '德紅切'로 표시하였다)이라고 하였는데, 이것은 '德'에서 성모(聲母)인 [t]를 취하고 '紅'에서 운모(韻母)인 [uŋ]을 취하여 '東'의 음을 [tuŋ]으로 표시하는 방식이었다. 훈민정음이 초성과 중성과 종성을 합쳐서 한 음절을 구성하는 방식을 마치 성모와 운모가 결합하는 방식으로 생각하여 훈민정음을 반절이라고도 칭한 것으로 보인다.

諺文字母俗所謂反切二十八字[07]

06 『세조실록』 세조7년 1461년 3월 14일 을묘조.
07 『훈몽자회』 범례.

언문자모 소위 반절 28자

그러나 이 반절도 한글에만 썼던 것이 아니라 다른 나라에도 그대로 사용하고 있다. 다음 글에서는 '몽고어 반절'을 언급하고 있음을 볼 수 있다.

又傳于李德海曰, 司譯院, **蒙語反切**一件, 印入事, 分付。[08]
또 이덕해에게 전하여 말하기를 사역원은 몽어 반절 1건을 인쇄하는 일을 분부하였다.

5) 국문(國文)

19세기 말엽에 와서야 우리의 고유문자가 국가 문자로 인정받게 되고, 그 명칭이 '국문(國文)'으로 변화하게 된다.

勅令第八十六號 公文式 裁可頒布. 第一章 頒布式. (중략) 第九條 法律命令은 다 **國文**으로써 本을 삼고 漢譯을 附ᄒ며 或國漢文을 混用홈.[09]
칙령 제89호 공문식을 재가반포하다. 제1장 반포식 제9조. 법률과 명령은 다 국문으로서 본을 삼고 한문 번역을 덧붙이거나 혹은 국한문을 혼용토록 함.

6) 조선문(朝鮮文), 선문(鮮文)

1910년 일본의 강제병합 이후 '조선문(朝鮮文)' 혹은 '선문(鮮文)'으로 추락하고 국문(國文)의 자리를 일본 문자에 내주게 되었다. 일본어를 '국어'라 하고 우리말을 '조선어'로 하여 조선어를 외국어처럼 인식하게 하기 위한 것이었다.

08 「승정원일기」 영조 41년 5월 22일 병신조.
09 「고종실록」 고종 32년 5월 8일.

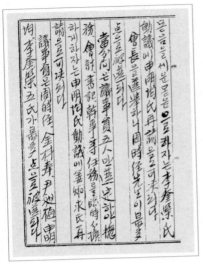

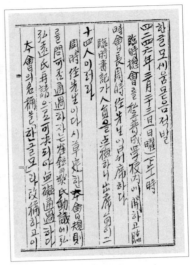

『한글모 죽보기』〈2〉

『한글모 죽보기』〈1〉

7) 한글

전술한 바와 같이 '한글'이란 명칭은 주시경 선생이 지은 것으로 알려져 있다. '한글'이란 용어가 처음 나타나는 자료는 1913년 3월 23일에 창립한 배달말글몯음(조선언문회) 창립총회의 전말을 기록한 『한글모 죽보기』이다.

'한글'은 『아이들보이』(1913년 9월)의 '한글풀이'란에 처음 실용화된 것으로 알려져 있다.

이 외에도 '암클'(한글을 아낙네들만 배우게 되어서), '중글'(절에서 불경을 풀이하기 위해 많이 사용하여서)이라고 하였다는 주장이 있으나[10] 어디에도 한글을 이렇게 불렀다는 기록은 보이지 않는다. 마찬가지로 '가갸'라고 하거나 '기역니은'이라고도 하였다는 주장이 있으나,[11] 민간에서 그렇게 불리었는지는 확

---

10   유열(1948), 『알기 쉬운 한글 강좌』, 조선금융조합연합회, 17–18쪽.
11   김윤경(1938), 『조선문자급어학사』, 동국문화사, 79쪽.

인할 길이 없다. 아마도 일제강점기에 우리글을 비하하기 위해 퍼뜨린 속설을 그대로 비판 없이 받아들였거나, 한글을 업신여기기 위해 의도적으로 만들어진 명칭을 그대로 인용하였을 가능성도 배제하기 어렵다. 마찬가지로 하루아침이면 넉넉히 다 배울 수 있다고 하여 '아침글'이라고도 하였다고 하나, 역시 그 근거는 명확하지 않다.

2. 자모의 변화

세종대왕이 훈민정음을 창제할 당시에 쓰이었던 기본적인 한글 자모 중에서 오늘날 쓰이지 않는 것은 자음의 'ㅿ, ㅸ, ㆆ, ㅇ'과 모음의 'ㆍ'이다. 이 중에서 'ㅸ'은 훈민정음 28자 속에 포함되어 있지 않다. 'ㅸ'은 'ㅂ'과 'ㅇ'을 아래위로 붙여서 만든 겹자모이기 때문이다.

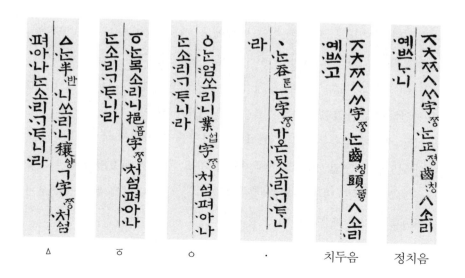

    ㅿ   ㆆ   ㅇ   ㆍ   치두음   정치음

| ㄴ | ㅇㅇ 과 ㅎㅎ | ㅊㅓ | ㅁ | ㅍ |

(이상 ㅿ, ㆆ, ㅇ, ·, 치두음, 정치음, ㄴ, ㅇㅇ, ㅎㅎ 자료는 『훈민정음 언해본』에서, 그리고 'ㅊㅓ, ㅁ, ㅍ' 자료는 『용비어천가』에서 가져왔다.)

그러나 『훈민정음 언해본』에는 이외에도 'ㅅ, ㅈ, ㅊ, ㅆ, ㅉ'(이상 치두음), 'ㅅ, ㅈ, ㅊ, ㅆ, ㅉ'(이상 정치음) 등의 자모도 보인다. 그리고 다른 문헌에는 'ㄴ', 'ㅎㅎ'이나 'ㅇㅇ' 또는 'ㅁ, ㅃ, ㅍ'과 같은 자모도 보인다. 그리고 후대에 개인이 제안해서 만들었던 'ㅿ'이나 '··'와 같은 자모도 있다.

이들 자모의 명칭은 각각 다르게 불리었지만, 1992년에 국립국어연구원에서 있었던 UCS 및 UNICODE에 제출할 '자모 선정 및 배열'에 관한 회의를 통해 옛한글 자모 명칭의 표준안을 만들었다. 각각 다르게 부르는 현황과 표준안을 보이면 다음과 같다.

자모	한글학회(1955), 우리말큰사전	이희승(1982), 국어대사전	신기철(1986), 표준국어사전	금성출판사(1991), 국어대사전	국립국어원 결정안(1992년)
ㅱ		경미음	경미음	순경음 미음	가벼운 미음
ㅸ	가벼운 비읍	가벼운 비읍	가벼운 비읍	순경음 비읍	가벼운 비읍
ㅿ	반시옷	반시옷	반시옷	반시옷	반시옷
ㆆ	된이응	된이응	된이응	된이응	여린 히읗
ㆁ	옛이응	옛이응	옛이응	옛이응	옛이응
ㆄ		경피읖	경피읖	경피읖	가벼운 피읖
ㅹ					가벼운 쌍비읍
ㆀ					쌍이응
ㆅ					쌍히읗
◇					마름모 미음
ㆍ	아래아	아래아	아래아	아래아	아래아
ㆎ	아래애	아래애	아래애	아래애	아래애
ㆍㆍ					쌍아래아
ㅡㅡ					쌍으
ᄼ					치두음 시옷
ᄽ					치두음 쌍시옷
ᄾ					정치음 시옷
ᄿ					정치음 쌍시옷
ᅎ					치두음 지읒
ᅏ					치두음 쌍지읒
ᅐ					정치음 지읒
ᅑ					정치음 쌍지읒
ㅅㄱ					시옷기역
ㅜㅓ					어우

나머지 합용병서 자음과 복모음 글자는 생략

1) ㅿ (반시옷)

'ㅿ'은 발음기호 [z]로 표시된다. 'ㅿ'은 문헌상으로는 18세기 문헌에까지 나타난다. 그러나 18세기에 'ㅿ'이 나타나는 문헌들은 중간본이거나 또는 외국어를 표기한 것들에 한정된다.

초간본으로서 그리고 우리말을 표기하는 문자로서 'ㅿ'이 쓰인 예들은 17세기 말까지만 볼 수 있다. 16세기 말까지는 자주 나타나다가 17세기에 와서 드물게 보이고 1690년에 간행된 『역어유해』에 마지막 모습을 보인다.

중세국어	표준어	일부 방언
ᄆᆞᅀᆞᆷ	마음	ᄆᆞ음(제주도)
여ᅀᅳ	여우	여수(충남, 충북, 전북 등) 여시(충남, 충북, 전북 등)
무ᅀᅮ	무	무수(전남, 충남, 강원 등) 무시(전북, 전남 등)

2) ㅸ (가벼운 비읍)

이 'ㅸ'이 우리말을 표기하는 데 사용된 것은 16세기 중기까지이지만, 이미 15세기 중기에도 표기법에서 혼란이 나타난다. 'ㅸ'이 마지막으로 보이는 문헌은 1569년 경상도 풍기 희방사에서 간행된 『칠대만법(七大萬法)』이다. 그러나 주로 16세기 초까지만 사용되었다.

중세국어	표준어	일부 방언
치ᄫᅱ	추위	추비(경남, 경북, 함북, 함남 등) 치비(경남, 경북, 함북, 함남 등)
고ᄫᅡ	고와	고바서(경남, 경북 등)

3) ㆁ(옛이응)

옛이응은 발음기호로 [ŋ]이다. 단지 음절의 초성으로 쓰인 예들은 16세기 초까지 보인다. 그래서 '당당이'로도 표기되고 '당다이'로도 표기되기도 하였다.

4) ㆆ(여린 히읗)

'ㆆ'은 원래 'ㅇ'을 된소리로 발음한 것을 표기하기 위한 것이다. 그래서 원래 명칭도 '된이응'이라고 하는 것이 합당할 듯하다. 그러나 오늘날에는 'ㆆ'을 'ㅇ'과 연관시키기보다는 'ㅎ'과 연관시키는 사람이 훨씬 더 많아서 그 명칭을 '여린 히읗'으로 정한 것이다.

'ㆆ'은 발음기호 [ʔ]로 표시된다. 목구멍을 막는 소리이다. 한자음 표기에 주로 사용하였고, 국어에 사용될 때에는 활용에서 관형사형의 'ㅭ'으로만 쓰이었다. 16세기 초까지 사용되었다.

5) ㅇㅇ(쌍이응)

'ㅇㅇ'은 동사에서 피동을 만들 때 사용되었다. 'ㅇㅇ'은 [jə]와 [jo]를 세게 발음하기 위한 음성표기이다.

이 'ㅇㅇ'은 1517년에 간행된 『몽산화상법어약록언해』에 마지막으로 나타난다. 이후 모두 'ㅇ'으로 변화하였다.

6) ㆅ (쌍히읗)

'ㆅ'은 '혀'로써만 나타난다. 이 '혀'의 발음은 발음기호로 [xjə]일 것이다.

'ㅇㅇ'과 운명을 같이 하여서 1517년에 간행된 『몽산화상법어약록언해』에 마지막으로 보인다. 오늘날에는 모두 'ㅎ'으로 변화하였거나 어느 방언형에서는 'ㅋ' 또는 'ㅆ'으로도 변화하였다.

7) ㆍ(아래아)

'ㆍ'는 발음기호로 [ʌ]나 [ɐ]로 표시된다. '아'와 '오'의 중간음이다. 'ㆍ'는 그 음소로서의 가치를 잃고 소실되었어도 문자로서는 매우 늦게까지 사용되었다. 1933년에 한글맞춤법이 나와서 'ㆍ'를 사용하지 않아야 됨에도 불구하고 'ㆍ'는 1930년대까지도 쓰이었다. 1960년대에도 담배를 파는 곳의 간판이 모두 '담ᄇㅣ'로 표기되어 있던 것이 생각난다.

널리 알려져 있는 바와 같이, 'ㆍ'는 비어두음절에서는 주로 'ㅡ'로 변화하고 어두음절에서는 주로 'ㅏ'로 변화했다.

중세국어	표준어	일부 방언
ᄆᆞᆯ(馬)	말	ᄆᆞᆯ(제주도) 몰(전남, 경남 등)
하ᄂᆞᆯ(天)	하늘	하눌(강원, 경기 등)
ᄉᆞ매(袖)	소매	사매(경북, 함남, 함북 등)
ᄒᆞᆰ(土)	흙	헐(경남, 경북 평북, 함남 등) 헉(강원, 경기 등)

이 '아래아'의 명칭을 '아래아'로 부르게 된 이유는 소위 '언문반절표'에 기인한다.

그림을 보면 받침자들이 오른쪽에 오고, 이어서 '가행'에서부터 '하행'까지가 오른쪽에서 왼쪽으로 배열되어 있다. 그리고 '가행'을 보면 아래로 '가갸거겨고교구규그기ᄀᆞ'가 적혀 있다. '가'가 맨 위에 있고, 'ᄀᆞ'가 맨 아래에 있다. 마찬가지로 'ᄂᆞ'부터 'ᄒᆞ'까지 모두 그 행의 맨 아래에 있다. 그래서 이들을 '아래아'라고 하고, 대신 '가나다라마바사아자차카타파하'에 보이는 'ㅏ'는

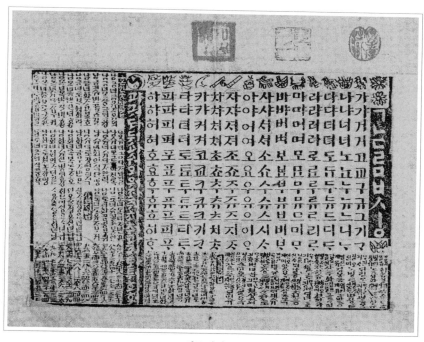

언문 반절표

'위아'라고 하는 것이다.

8) ◇ (마름모 미음)

'◇'은 박성원(朴性源)의 『화동정음통석운고(華東正音通釋韻考)』(1747년)에 나오는 자모이다. 이것은 [w] 음을 표기하기 위해서 만든 글자임이 틀림없다. 그러나 국어를 표기하기 위해 만든 것이 아니라 중국음을 표기하기 위해 만든 것이다.

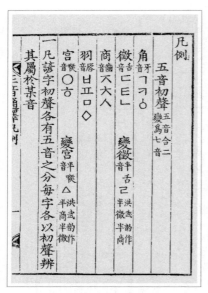

범례의 순음으로 설명한 ◇　　　　　◇에 대한 설명 부분

ㄴㅛㅜㅠㅣ·‥附書於初聲之下如見類끄꾸ㅠㄱ끄띠之字

‥에 대한
설명 부분

9) ‥ (쌍아래아)

'‥'는 신경준(申景濬)의 『운해훈민정음(韻解訓民正音)』(1750
년)에 등장하는 자모이다.

이 '‥'에 대해서는 유희(柳僖)의 『언문지(諺文志)』(1824년)에
다음과 같은 기록이 있어서 그 음가가 무엇인지를 알 수
있다.

李信齋令翊謂當又有‥(信齋之言 今俗여듧八 或謬爲ᄋ듧八 乃比音)
信齋 李令翊은 마땅히 또한 ‥가 있어야 한다고 하였다(信齋의
말은 지금 시속에서 '여듧八'을 발음하기를 혹 잘못하여 'ᄋ듧八'이라고
하는데, 이 음이라는 것이다).

이 발음은 '이제 영 글렀어'라고 말할 때 '영'의 발음과 같은 모음이다.

이 'ᆢ'의 발음은 지금도 제주도 방언에서 흔히 들을 수 있다. '열다'를 '올다'로 말한다.

지금까지 알려진 문자들 이외에 다른 문자들을 제안한 책들도 있다. 예를 들어서 조선 후기의 학자인 유신환(兪莘煥)의 『봉서집(鳳棲集)』(1909년)의 권5, 6에 보이는 '삼십육성역(三十六聲譯)'에서는 한자음에서 설음(舌音)의 설두음(舌頭音)과 설상음(舌上音)을 구분하기 위하여 설두음인 ㄷ, ㅌ, ㄸ, ㄴ에 대한 설상음의 표기를 위하여 새로운 자형을 제시한 부분도 있다. 그 부분만을 그림으로 보이면 다음과 같다.

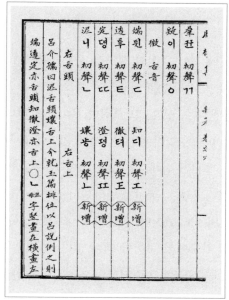

『봉서집』

관음문자

    이 외에도 1947년에 전남 장성의 백양산 운문도량(雲門道場)에 있는 스님인 김타(金陀)란 분이 30여 년간을 연구하여 '증보 정음 관음문자(增補 正音 觀音文字)'란 것을 제안한 적도 있다. 그 그림만 보이도록 한다. 오른쪽에 있는 것이 현대의 한글과 한자이고 이에 대한 관음문자가 왼쪽에 있는 것이다.

    한글은 그 문자가 창제된 뒤에도 수많은 우여곡절을 겪어서 오늘날 사용하는 한글 자모로 정리되었다. 국어가 변하면서 문자가 사라지기도 하고 또 필요에 따라 만들어지기도 했지만, 지금까지 공용으로 사용되는 자모들은 세종이 창제한 한글 자모에서 벗어난 적이 없다. 이것은 훈민정음이 매우 과학적이고 체계적이며 구조적으로 만들어졌음을 다시 한 번 증명한다.

3. 한글 어문규범의 제정

오늘날 글을 쓸 때에는 일정한 어문규범에 따라 쓴다. 곧 한글맞춤법, 외래어 표기법 등에 따라 한글을 쓰게 되어 있다. 예컨대 '먹다'의 어간 '먹-'에 어미 '-어'가 연결되면 '머거'나 '먹거'가 아닌 '먹어'로 쓴다. 그렇다면 훈민정음 창제 이후의 표기에서도 일정한 표기법 규칙이 있었을까?

훈민정음이 창제된 이후에 간행된 한글 문헌에 보이는 표기법은 어느 정도 규범화된 것처럼 일정한 규칙을 가지고 표기되고 있는 듯하여, 혹자는 이때에도 일정한 표기의 규정이 있었을 것으로 추정한다. 그러나 현재까지 발견된 자료 중에서 이들을 명문화한 기록은 보이지 않는다. 대신 일정한 규칙을 보이는 것은, 표기자 사이의 보이지 않는 약속이었다고 할 수 있다.

그것은 훈민정음 창제 이후의 표기법이 의사전달을 방해하지 않는 어느 범위 안에서 다양화되었음을 말해 준다. 표기법에 다양성이 있다고 함은 그 표기의 유형이 여러 가지로 존재하고 있음을 의미한다. 표기법은 그 유형에 따라 세 가지로 구분하여 볼 수 있다.

첫째는 개인만이 알아볼 수 있도록 표기하는 표기법이다(이것을 '표기법 1'이라고 하자). 둘째는 언중(言衆) 누구에게나 이해될 수 있는 표기법이다(이것을 '표기법 3'이라고 하자). 셋째는 정연한 규범이 정해지지 않은 표기법이면서도 어느 언중 개개인이나 언중 모두가 해독할 수 있고 이해할 수 있는 표기법이다(이것을 '표기법 2'라고 하자). 결국 '표기법 1'은 어느 특정인만이 사용하고 이해할 수 있으되, 대부분의 사람들은 인정할 수도 이해할 수도 없는 표기법일 것이다. 거기에 비해 '표기법 3'은 아마도 현대의 '한글맞춤법'과 같은 '국어정서법'에 해당할 것이다. 15세기의 표기법과 현대국어의 표기법은 일정한 규범 안에서 표기된 '표기법 3'에 해당하게 될 것이다. 이에 비해 근대국어 시기인 17세기부터 19세기 말까지의 표기법은 주로 '표기법 2'에 해당한 다고 할 수 있다. 그러다가 20세기 초에 와서 표기법의 표준이 논의되기 시 작하였다.

1) 국문연구의정안

국문연구의정안은 1907년 학부 안에 설치한 국문연구소에서 주시경을 비 롯한 여러 위원들이 한글의 원리, 한글의 과거, 현재, 미래 등에 대한 논의를 거쳐 1909년 12월 28일에 제출한 최종 보고서이다.

1895년에 칙령 제86호 공문식에 '法律命令(법률명령)은 다 國文(국문)으로 本(본)을 삼고 漢譯(한역)을 附(부)하며 혹 國漢文(국한문)을 混用(혼용)홈'이란 칙령이 공포된 후, 국문에 대한 관심이 고조되었다. 1896년에 지석영의 '국 문론', 1897년에 주시경의 '국문론'이 발표되는 등 1896년부터 1904년까지 국문에 대한 여러 의견이 개진되게 되었다.

특히 지석영이 학부대신 민영철을 거쳐 상소한 '신정국문(新訂國文)'을 정 부가 인정하여 1905년 7월에 공포하자, 이에 대한 많은 비판이 쏟아졌다. 그 중에서도 새 글자로 '이으 자(ᆖ)'를 만든 것과 'ᆞ'의 폐지에 대한 반대가 심 하였다. 그리하여 이 안을 실시하지 못하고 이 문제를 해결하기 위해 1907 년 7월에 학부대신 이재곤의 주청으로 학부 안에 국문연구소를 설치하였 다. 윤치오, 장헌식, 이능화, 권보상, 현은, 주시경, 어윤적, 이종일, 이억, 윤 돈구, 송기용, 유필근 등이 그 위원이었다.

1907년 9월부터 1909년 12월까지 2년 여간 23회의 회의를 열고 주어진 10 개의 의제에 대하여 최종 방안을 마련하였다. 마지막 남은 8인의 위원, 어윤 적, 이능화, 주시경, 권보상, 송기용, 지석영, 이민응, 윤돈구가 1909년 12월 27일에 마지막 회의를 하고 그 이튿날 위원장 윤치오가 학부대신 이용직에

국문연구안(고려대 육당문고)

국문연구의정안(오구라문고)

게 그 의정안을 제출하였는데, 그것이 국문연구의정안이다.

그러나 학부대신인 친일파 이용직의 무관심과 1910년의 을사늑약으로 말미암아 이 국문연구의정안은 시행되지 못하였다.

이 국문연구소의 목표는 문자체계와 정서법의 연구에 초점이 놓여 있었다. 그 연구 결과는 다음과 같은 것이었다.

① 국문의 연원과 자체 및 발음의 연혁을 연구하였다.

② 초성 중 ㅇ, ㆆ, ㅿ, ㆁ, ㅱ, ㅸ, ㆄ, ㅹ은 사용하지 않는다.

③ 초성에 ㄱ, ㄷ, ㅂ, ㅅ, ㅈ, ㆅ 6자의 병서 중 ㆅ을 제외하고 ㄲ, ㄸ, ㅃ, ㅆ, ㅉ을 모두 사용한다.

④ 중성 중에서 '·'자는 사용하되 '⟷'자는 쓰지 않는다.

⑤ 종성에서 ㄷ, ㅅ 및 ㅈ, ㅊ, ㅋ, ㅌ, ㅍ, ㅎ 자도 사용한다.

⑥ 자모의 7음과 청탁의 구별은 5음과 청음, 격음, 탁음으로 구분한다.

⑦ 사성표(四聲票)는 사용하지 않고 장음은 왼쪽 어깨에 1점을 찍는다.

⑧ 자모의 명칭과 음가를 정하였다.

⑨ 자모의 순서를 정하였는데, 초성은 아설순치후음과 청음과 격음으로 그리고 중성은 훈몽자회에 따랐다.

⑩ 철자법은 모아쓰기로 한다

8인의 위원들이 제출한 국문연구안의 등사물은 주시경 선생의 수택본으로 고려대학교 육당문고에 소장되어 있다. 그리고 최종보고서는 일본 동경대학의 오구라문고(小倉文庫)에 필사본으로 보관되어 있다.

2) 한글맞춤법통일안

1905년의 을사조약과 1910년의 한일 강제병합으로 국권을 잃자 국문연구소에서 마련한 국문연구의정안은 실행되지 못하였다. 어문정책은 조선총독부의 주관 아래 놓이게 되었지만 학자들은 우리말과 글에 대한 연구의 손을 놓지 않았다.

1921년에 발족한 조선어연구회가 1931년 조선어학회로 개칭하여 철자법에 대한 연구를 진행하여 왔다. 한편 1931년에는 박승빈을 중심으로 한 조선어연구회가 창립되어 역시 철자법에 대한 연구를 하여 왔으나 견해 차이가 심하여 이 두 학회는 철자법 문제로 대립하였다. 조선어학회는 조선총독부가 공포한 '보통학교용 언문철자법'에 따른 형태주의적 표기법 안을, 그리고 조선어연구회는 표음주의적 표기법 안을 찬동하였다. 그 대립이 심하여, 조선어학회의 학회지는 '한글'이고, 조선어연구회의 학회지는 '정음'이어서, 이 두 학회에 속한 사람들을 각각 한글파, 정음파라고 하는 별칭까지 생길

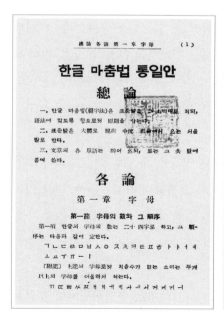
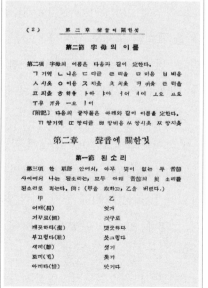

한글마춤법통일안

정도였다.

조선어학회에서 따르는 '보통학교용 언문철자법'은 조선총독부에서 1930년 2월에 공포한 것인데, 1928년에 현은, 이원규, 일본인 다지마(田島) 등이 기안하고 언문철자법 조사회 조사위원인 심의린, 박영빈, 박승두, 이세정이 심의 · 결정하였다. 1929년에 다시 일본인 니시무라(西村眞太郎), 오구라(小倉進平), 다카하시(高橋亨), 다나카(田中德太郎), 후지나미(藤波義貫)와 한국인 권덕규, 김상회, 신명균, 심의린, 이세정, 이완응, 장지영, 정렬모, 최현배, 모두 14명이 심의 · 결정하여 개정안으로 만든 것을 1930년 2월에 공포한 것이다. 새 받침 ㄷ, ㅈ, ㅊ, ㅌ, ㅍ, ㄲ, ㄳ, ㄵ, ㄾ, ㄿ, ㅄ 등을 사용하고 어간을 밝혀서 '우슴'으로 쓰지 않고 '웃음'으로 쓰며, 사이시옷을 인정하여 '동짓달' 등으로 표기하고, 된소리에 ㄲ, ㄸ, ㅃ, ㅆ, ㅉ을 사용하는 등의 형태주의적 표기법이었다.

조선어연구회에서 주장하는 표음주의적 표기는 된소리 표기에 'ㅆ'처럼 'ㅅ'을 된소리 부호로 사용하고, 사이시옷을 인정하지 않으며 '많고, 많다'를 '만코, 만타' 등으로 표기하고 '웃음'을 '우슴'으로 표기하는 등의 내용이었다. 대체로 훈민정음 창제 이후에 줄곧 써 왔던 전통적인 표기방식을 고집하였다.

조선어학회는 1930년 12월에 맞춤법통일안을 제정할 것을 결의하였다. 1931년 12월 13일에 13인의 철자위원회를 선정하여 각자 연구한 안을 정리하였고 1932년 12월에 원안을 작성하였다. 작성자는 권덕규, 김윤경, 박현식, 신명균, 이극로, 이병기, 이윤재, 이희승, 장지영, 정렬모, 정인섭, 최현배 12인이었다.

1932년 11월 7일부터 9일까지 동아일보사 주최로 조선어철자법 토론회가 열려 조선어학회쪽에서는 신명균, 최현배, 이희승 3인이, 조선어연구회

에서는 박승빈, 백남규, 정규창 3인이 나와 열띤 토론을 벌였다. 동아일보사
는 이 토론 내용을 신문지상에 연재하였다. 그러나 여론은 조선어학회의 안
으로 기울었다. 이전의 조선어 교과서가 조선어학회의 통일안과 유사한 언
문철자법에 따라 편찬되어 이 표기법에 익숙해 있었기 때문이다.

그 뒤 조선어학회에서는 김선기, 이갑, 이만규, 이상춘, 이세정, 이탁 6인
이 증원되어 위원이 모두 18명이 되었다. 이들은 1932년 12월 25일부터 다음
해 1월 4일까지 개성의 고려청년회관에서 철자위원회를 열어 원안을 심의하
여 수정위원에게 넘길 수정안을 만들었다. 수정위원은 권덕규, 김선기, 김윤
경, 신명균, 이극로, 이윤재, 이희승, 장지영, 정인섭, 최현배이었다. 1933년
7월 28일부터 8월 3일까지 서울 화계사에서 검토하여 최종안을 마련하였는
데, 이 최종안을 마련한 사람은 수정위원 중 장지영을 뺀 9인이었다.

1933년 한글지 제10호에 한글맞춤법 통일안 제정의 경과과정과 원문을
싣고 1933년 10월 29일 한글날(이 당시의 한글날)에 세상에 공포한 것이 '한글
맞춤법통일안'(이 당시에는 '한글마춤법통일안')이다.

이 한글맞춤법통일안은 조선어학회의 안이었을 뿐, 국가가 정한 표준은
아니었다. 1988년에 국가에서 '한글맞춤법통일안'을 '한글맞춤법'으로 고
쳐 공식적으로 공인하게 되었다. 그러나 국가 공인 이전부터 교과서 및 사
전 등에 반영되어 사용되어 왔다. 한글맞춤법통일안이 사회적으로 굳어진
계기가 된 것은 이 안이 교과서와 신문, 잡지에 반영되었기 때문이다. 특히
1945년 해방이 되자 한글맞춤법통일안을 마련한 조선어학회의 최현배 위원
이 미군정청 학무국장으로 부임하면서 군정청 교과서에 한글맞춤법통일안
을 전면적으로 반영함으로써 이루어진 결과가 오늘날 이 한글맞춤법통일안
이 국가가 정한 맞춤법으로 지정된 중요한 계기가 된 것으로 보인다.

4. '국한혼용'에서 '한글전용'으로

한글전용과 국한혼용은 아직도 우리 어문생활에서 문제로 남아 있는 부분인데, 이것은 1세기 전부터 동일한 주장으로 서로 대립되어 왔다.

최초의 한글전용 문헌은 1447년에 간행된 『월인천강지곡』도 아니고, 1896년에 발행된 「독립신문」도, 그리고 19세기에 간행된 기독교 서적들도, 우리나라 고소설들도 아니다.

지금까지 발견된 문헌 중에서 한글로만 되어 있는 최초의 문헌은 18세기 중기에 나타난다. 물론 한글로만 쓰인 자료는 그 이전에도 있었다. 필사된 것으로 남아 있는 것 중에 『순천김씨언간』(16세기)이나 『선조국문교서』(1593) 와 같은 고문서들은 한글로만 쓰이어 있다. 그러나 이들은 매우 단편적인 자료이며 공식적으로 간행된 것이 아니다.

『어제자성편언해(御製自省篇諺解)』(1746년경)를 비롯하여 궁중에서 궁체로 필사한 문헌들은 대부분 한글전용으로 되어 있다. 구(舊) 장서각 고소설들은 모두 한글전용으로 되어 있다. 목판본이나 활자본으로 찍어 낸 문헌 중에서 최초로 한글전용을 실행한 문헌은 1755년에 목판본으로 간행한 『천의소감 언해(闡義昭鑑諺解)』이다.

물론 이전에도 언해문이 한글전용으로 되어 있는 문헌은 여럿 있었다. 단지 한문 원문이 같이 실렸기 때문에 한글전용이 아니게 된 것이다. 즉 1489 년 『구급간이방언해』, 1497년 『신선태을자금단』, 1518년 『정속언해』와 『주자증손여씨향약언해』, 『이륜행실도』, 1541년 『우마양저염역병치료방』 등이 그러한데, 언해문이 한글전용으로 나타나기 시작하는 시기는 15세기 말이다. 그리고 16세기에는 이것이 확대되어 16세기 중반 이후에는 언해문만은 한글전용으로 나타난다. 18세기 중기에는 원문과 언해문을 다른 책으로 간

「천의소감언해」

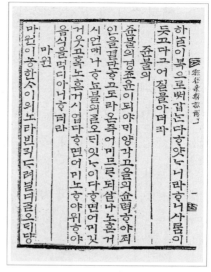

「종덕신편언해」(1758년)

행하여서 한글전용 문헌이 등장하게 되는 것이다.

　이러한 역사적 사실들은 오늘날 우리들로 하여금 많은 것을 반성하게 한다. 한글전용이나 국한혼용을 주장하는 사람들은 이러한 역사적 흐름을 한 번도 검토해 보지 않았을 것이다. 아마도 우리 선조들처럼 어느 경우에는 한글전용을, 또 어느 경우에는 국한혼용을 하는 현명함을 알 수만 있게 된다면 거의 1세기 이상 반복되어 온 한글전용과 국한혼용의 매듭이 풀릴 수 있지 않을까?

5. '세로쓰기'에서 '가로쓰기'로

훈민정음이 창제되었던 15세기에 한글은 세로쓰기 방식이었다. 그러나 이것이 19세기 말에 와서 왼쪽에서 오른쪽으로 쓰는 방식, 즉 가로쓰기가 사용되기 시작하였고, 최근에 와서 이 가로쓰기가 거의 일반화되었다. 특히 컴퓨터로 글을 쓰는 시대가 되면서 가로쓰기는 대세가 되었다.

외국인이 우리나라 말에 대해서 쓴 책들은 주로 대역사전이나 한국어 문법책들인데, 알파벳을 써야 하기 때문에 당연히 가로쓰기로 되어 있다. 지금까지 알려진 문헌 중에서 처음으로 가로쓰기를 한 것은 1877년에 존 로스

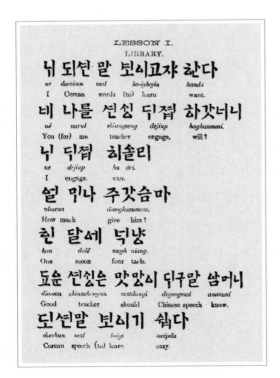

『Corean Primer』

「한불ᄌᆞ뎐」

「한영자전」

「국한회어」

(John Ross, 1841~1915)가 지은 『*Corean Primer*(조선어 첫걸음)』이다. 이 책은 서양인에 의해 최초로 가로쓰기와 띄어쓰기를 한 책으로 알려져 있다.

1880년에 리델(Ridel)이 편찬한 『한불ᄌᆞ뎐(*Dictionaire Coréen - Francais*)』은 한글을 올림말로 하고 뜻풀이는 불어로 하였는데, 역시 알파벳을 써야 하므로 가로쓰기로 되어 있다. 1897년에 게일(Gale)이 편찬한 『한영자전』도 가로쓰기로 되어 있다.

우리나라 사람이 쓴 책 중에 최초로 가로쓰기를 한 책은 1895년에 편찬된 『국한회어(國漢會語)』라는 국어 대역사전이다.

주시경 선생의 가로쓰기 주장이 「독립신문」 2권 115호(1897년 9월 28일)에 나온 것임을 감안하면, 이 『국한회어』의 가로쓰기는 획기적인 것이라고 할 수 있다.

6. '띄어 쓰지 않기'에서 '띄어쓰기'로

훈민정음 창제 당시에는 띄어쓰기가 이루어지지 않았다. 우리나라에서 처음으로 띄어쓰기를 공식적으로 규정한 것은 1933년의 한글맞춤법통일안이다. 그러나 이 통일안은 이전부터 띄어쓰기가 이루어져 온 것을 규정한 것일 뿐, 이때부터 띄어쓰기가 시작되었다는 의미는 아니다.

지금까지 알려진 문헌 중에서 처음으로 띄어쓰기를 한 문헌은 1877년에 존 로스가 지은 『*Corean Primer*(조선어 첫걸음)』로 알려져 있다. 스콧(J. Scott)이 1887년에 쓴 『언문말칙(*A Corean Manual or Phrase Book*)』에도 띄어쓰기가 되어 있다.

본격적으로 띄어쓰기가 이루어진 것은 「독립신문」부터이다. 널리 알려져

또 국문을 이러케 귀졀을 떼여 쓴즉 아모
라도 이신문 보기가 쉽고 신문속에 잇는말
을 자셰이 알어 보게 홈이라 각국에셔는

어려운건 다름이 아니라 첫지는 말마듸을
떼이지 아니호고 그져 줄줄니려 쓰는 세둙
에 글즛가 우희 부터는지 아릭 부터는지
몰나셔 멧번 일거 본후에야 글즛가 어딕
부터는지 비로소 알고 그니 국문으로
쓴편지 호장을 한문으로 자조 쓴것
보다 더듸 보고 또 그나마 국문을
아니 쓴는고로 셔툴어셔 잘못봄이라

「독립신문」의 띄어쓰기에
대한 주장

있는 것처럼 「독립신문」은 창간호 논설에서부터 우리말의 중요성을 강조하
고 있다. 이 논설에서는 두 가지를 주장하고 있는데, 국문전용과 띄어쓰기
이다.

띄어쓰기는 한 문장이 한 가지 이상의 뜻으로 이해되는 일을 막아 줄 뿐
만 아니라 문장의 의미를 빠르게 이해하는 데에도 매우 효과적이다. 문장을
단위별로 읽어 가기 때문이다.

띄어쓰기 이전의 문헌들에서는 이러한 문제를 해결하기 위해 다른 방법
을 사용하였다. 곧 구두점의 사용이다. 이 구두점을 찍는 방식은 『훈민정음
해례본』에도 보이고 『용비어천가』에도 보인다.

이렇게 띄어 쓴다는 인식은 있으면서도 옛 한글 문헌에서 띄어쓰기를 하

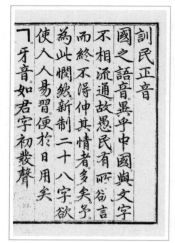  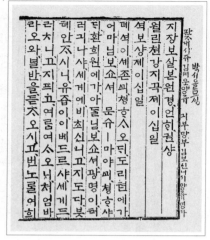

『훈민정음 해례본』 『용비어천가』 2장 『지장경언해』(1765년)

지 않은 이유는 무엇일까? 그 이유는 두 가지를 들 수 있다.

첫째는 띄어 쓰지 않아도 문장상의 중의성이 발생하지 않았기 때문이다. 즉 중의성의 문제는 한글전용 문헌에서만 일어나는 문제이지, 국한혼용일 때에는 중의성의 문제가 많이 발생하지 않았다.

둘째는 문화사적인 문제이지만, 만약에 띄어쓰기를 한다면 나무와 종이의 엄청난 낭비를 초래했을 것이다. 목판본으로 책을 출판하기 위해서는 판목을 만들어야 하고 또한 한지(韓紙)에 찍어 내어야 하기 때문이다. 작은 글씨의 연활자본이 도입되고, 서양에서 양지(洋紙)가 들어오면서 띄어쓰기가 활발해질 수 있었던 것으로 생각된다.

이러한 과정을 거치면서 우리나라에 띄어쓰기가 정착된 것이다. 그것을 1933년에 조선어학회에서 한글맞춤법통일안에 반영하여 1988년 1월에 문교부에서 고시한 '한글맞춤법' 제1장 제2항에 '문장의 각 단어는 띄어

씀을 원칙으로 한다'는 규정과 제5장의 '띄어쓰기' 항목으로 오늘날에 이른 것이다.

7. 선과 점과 원의 변화

훈민정음의 모든 자모는 'ㅡ(가로선), ㅣ(세로선), ╱(왼쪽삐침), ╲(오른쪽삐침), ㅇ(원), ·(점)'의 여섯 가지로 이루어진다. 더 줄인다면 선과 점과 원으로 이루어진다. 'ㄱ'은 'ㅡ + ㅣ', 'ㅅ'은 ' ╱ + ╲', 'ㅎ'은 'ㅣ+ㅡ +ㅇ'으로 이루어져 있지만, 세로선은 옛날 전서(篆書)를 만드는 방식에 따라 그 길이를 반 정도로 줄인 것이고, 'ㅊ'은 원래는 'ㅣ + ㅡ + ╱ + ╲'으로 되어 있는 것인데, 역시 세로선은 그 길이를 반으로 줄인 것이다. 모음 글자 'ㅏ'는 'ㅣ + ·'으로, 그리고 'ㅠ'는 원래 'ㅡ + · + ·'으로 구성되어 있다. 한글은 세계에서 가장 단순한 획으로 이루어져 있는 셈이다.

1) 직선 ⇒ 곡선

한글의 자모는 창제 당시에는 'ㅇ'과 '·'을 제외하고는 모두 직선이었다. 이 직선은 그 자모가 쓰이는 위치에 따라 차츰 곡선으로 변화하였다. 초성 'ㄱ' 자의 변화 양상을 보이면 다음과 같다.

名稱 　時期	15世紀	16世紀	17世紀	18世紀	19世紀
'가'의 'ㄱ'	ㄱ	ㄱ	ㄱ	ㄱ	ㄱ ㄱ ㄱ

2) 점 ⇒ 선

점은 모두 모음 글자와 연관된 것이었는데, 모두 선으로 바뀌었다. 예컨대 '구'의 'ㅜ'는 'ㅡ'와 'ㆍ'의 조합이었는데, 오늘날에는 '구'라고 써서 'ㅜ'는 마치 'ㅡ'와 'ㅣ'의 조합처럼 보인다. 『훈민정음 해례본』의 '구' 자와 오늘날의 '구' 자를 비교해 보면 금세 알 것이다. 이것은 'ㅣ'와 'ㆍ'의 조합인 'ㅏ'에서도 마찬가지이다.

『훈민정음 해례본』 모음 글자(1446년)

⇩

『한글공부』(동아일보사, 1934년)

점이 모두 선으로 바뀌어서, 오늘날의 한글 자모는 선과 원으로 구성된 것으로 변화하였다. 즉 천지인 삼재를 본뜬 것에 변화를 가져왔다.

3) 꼭지 없는 원 ⇒ 꼭지 있는 원

원은 원래 꼭짓점이 있는 옛이응(ㆁ)과 꼭짓점이 없는 이응(ㅇ)으로 구분되어 있던 것인데, 이 두 글자의 구별이 명확하지 않아서, '옛이응' 자는 없어지고 '이응' 자만 남았다.

「훈민정음 해례본」　　「이언」(1883년)

4) 한글 자모의 서체 변화

(1) 자음 글자

① 'ㅈ' 자: 3획에서 2획으로 획수가 변화하였다. 16세기의 필사본인 『순천김씨언간』부터 보인다.

② '각' 자: '각' 자의 초성자 'ㄱ'의 세로선이 아래로 내려오면서 왼쪽으로 구부러지게 된 것은 17세기의 『연병지남』에 유일하게 나타나다가 궁체가 널리 쓰이던 18세기부터 본격적인 변화를 보인다. 그러다가 19세기 중기 이후에 일반화되어서 오늘에 이르렀다.

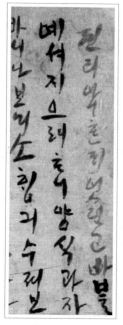

「순천김씨언간」　　「중간경민편언해」

모음자가 아래에 올 때	모음자가 오른쪽에 올 때	받침으로 쓸 때
구	가	각

③ 'ㅌ' 자: 'ㅌ' 자가 'ㅡ'에 'ㄷ'을 붙인 자형으로 변화하기 시작한 것은 『마
  경초집언해』(1682년)에서부터이지만 18세기에 와서야 일반화된다. 많
  은 문헌에 두 가지 자형이 공존하였다가, 19세기 말에 와서는 완전히
  'ㅡ'에 'ㄷ'을 붙인 자형으로 변화하였다. 19세기 말에는 심지어 'ㄷ'의
  위에 가로줄기인 'ㅡ'를 아래로 비스듬히 내리긋는 자형도 보인다.

'ㄷ'의 가운데 가획한 것	'ㄷ'의 위에 'ㅡ'를 가획한 것	북한의 'ㅌ'의 한 예
타 토	타 토	튼

④ 'ㅅ' 자: 'ㅅ'의 변화는 16세기 말부터였다. 『중간경민편』(1579년), 『연병
  지남』(1612년), 『동의보감』(1613년) 등에 명확히 나타난다. 'ㅅ'이 'ㅓ, ㅕ'
  등과 통합될 때에 오른쪽의 삐침줄기가 아래로 처져서 나타나기 시작
  한 것은 1762년에 경상도에서 간행된 『지장경언해』에서부터 보이기
  시작하여 19세기 말에는 일반화되었다.

⑤ 'ㅊ' 자: 'ㅊ' 자의 3획에서 2획으로의 변화는 필사본에 처음 보이다가
  판본에서는 1612년의 『연병지남』에서 비롯되었다. 이것이 일반화되어
  나타나게 된 것은 19세기 중기 이후이다.

⑥ 'ㅎ' 자: 'ㅎ'의 변화도 'ㅊ'과 같다. 필사본에 처음 보이다가 판본에서는 역시 『연병지남』에서 비롯되었다. 18세기의 문헌에 자주 나타나다가 19세기 말에 일반화되었다.

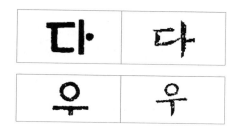

⑵ 모음 글자

① 'ㆍ'의 선으로 변화: 원래 천지인을 각각 본떠서 'ㆍ, ㅡ, ㅣ'를 만들었다는 사실은 잘 알 것이다. 그런데 'ㆍ'가 점에서 선으로 바뀌었다. 흥미로운 사실은 'ㅣ'에 'ㆍ'가 결합할 때보다도 'ㆍ'가 'ㅡ'의 아래에 결합할 때에 그 선의 길이가 더 길어졌다는 것이다. 그래서 'ㅏ'의 가로로 그은 선보다는 'ㅜ'의 세로로 그은 선의 길이가 길어 보인다.

'ㆍ'가 점으로 표기된 문헌은 『훈민정음 해례본』(1446년)과 『동국정운』 (1448년)뿐이다. 그리고 나머지 문헌은 모두 선으로 바뀌었다. 훈민정음 창제 당시에 그러한 변화가 일어난 것이다. 이것은 붓으로 글씨를 쓸 때, 동그랗게 점을 쓰는 일이 수월하지 않았기 때문에 일어난 자형의 변화일 것이다.

②'워' 자: 'ㅓ'의 가로줄기가 'ㅜ'의 가로줄기 아래에 놓이는 모습을 보이기 시작한 것은 17세기부터였다. 19세기 중기 이후에 일반화되었다.
'워'는 원래 'ㅜ'와 'ㅓ'가 합하여 만들어진 모음자이다. 따라서 'ㅜ'의 위에 'ㅓ'가 합쳐져서 'ㅓ'의 가로줄기가 'ㅜ'의 가로줄기 위에 자리 잡고 있었던 것이다. 그것은 'ㅣ'에 'ㆍ'가 결합될 때에는 'ㆍ'가 'ㅣ'의 가운데에 놓여야 하기 때문이다. 'ㅓ'의 가로줄기가 'ㅜ'의 가로줄기 아래에 놓이는 모습을 보이기 시작한 것은 17세기부터였다. 『역어유해』(1690년), 『오륜전비언해』(1721년), 『지장경언해』(1762년), 『박통사신석언해』(1765년) 등에 나타난다. 이것은 19세기 중기 이후에 일반화되었다.

워	웬
『석보상절』	『삼성훈경』

위에서 나타난 결과로 볼 때, 한글 자형의 변화는 주로 필사본에서 그리고 지방에서 간행된 문헌에서 비롯되었다는 것이 그 특징이라고 할 수 있다. 이것은 관아에서 간행된 문헌들에서는 어느 정도 표준적인 자형을 보이고 있지만, 지방에서 간행된 문헌들에서는 변화를 보이고 있음을 증명하는 것이다.

그런데 펜과 연필이 나오기 이전에는 필기도구가 모두 붓이었기 때문에 붓으로 직선을 긋거나 점을 치거나 원을 그리는 일이 그리 쉬운 것은 아니었을 것이다. 붓은 오히려 곡선을 그리는 데 유리한 도구이다. 그 결과 한글의 자형이나 서체는 직선을 곡선으로, 점을 짧은 선으로, 그리고 원을 꼭지가 있는 원으로 바꾸는 방향으로 변화하게 되었다. 아마도 직선을 최대한으로 곡선화하고 점을 선으로 바꾸고 원을 꼭지가 있는 원으로 바꾼 서체가 궁체일 것이다.

8. 한글의 과학화

1) 한글의 모스부호화

한글 기계화의 시초는 한글 전신부호라고 할 수 있다. 한글 전신부호는 한글 모스부호인데, 이것이 처음 등장한 것을 알기 위해서는 『전보장정(電報章程)』이라는 문헌을 알아야 한다.

『전보장정』은 1888년(고종 25년)에 우리나라에서 제정한 최초의 전신규정(電信規定)의 이름이며 동시에 그것을 써 놓은 문헌이다. 이 장정에서 가장 주목해야 할 것은 바로 국문 전신부호의 최초인 '국문 자모 호마타법'이다.

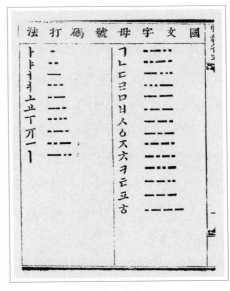

국문 자모 호마타법

이 '국문 자모 호마타법'의 제정으로 우리 국문(한글) 전보가 시작된 것이다. 그래서 우리나라 전신의 역사에서 매우 중요한 의의를 지니고 있을 뿐만 아니라 한글 기계화의 최초의 자료이어서 한글의 역사에서도 매우 귀중한 의미를 지닌다.

이 '국문 자모 호마타법'에서 규정한 내용은 오늘날의 한글 전신부호와 크게 다르지 않다. 단지 오늘날에는 여기에서 규정하지 않은 'ㅖ'와 'ㅒ'의 두 글자가 추가되었을 뿐이다.

한글 모스부호를 처음 만든 사람은 김학우(金鶴羽, 1862~1894)였다. 그는 함경북도 경흥 출신으로 어렸을 때 러시아 블라디보스토크에서 성장하였다. 그의 나이 16세였던 1876년에 일본으로 건너가 약 1년 반 동안 도쿄에서 우치무라(內村直義)의 무급 어학교사 자격으로 있었다. 만주의 길림과 중국 북경에도 드나든 적이 있어서 러시아어, 중국어, 일본어에 능통하였다. 1884년부터 1886년까지 서울에서 기기국위원(機器局委員)과 전환국위원(典圜局委員) 등을 지냈다. 이때에 정부가 추진하였던 각종 개화사업에 종사하였는데, 특히 청나라로부터 선박과 무기의 수입, 전선 가설, 전선 기술자 양성, 그리고 모스부호의 도입 등의 일에 참여하였다. 1884년 가을에 일본에서 부산과 일본의 나가사키 사이에 해저전선을 개통한 것을 보고 고종에게 우리나라도 전신을 가설해야 한다고 건의하여 이를 받아들인 고종의 명령으로 김학우는 전신기술을 배우러 일본에 갔다. 김학우는 도쿄로 가서 매일같이 전신본국을 찾아가 연구하여 전신부호를 개발하였다. 이 당시에 한글 전신부호를 만든 것으로 추정된다. 이것은 한글의 자음과 모음의 원리를 이용하여 만든 독창적인 전신부호였다. 이때 김학우가 만든 한글 전신부호는 1888년 조선전보총국이 설립되면서 『전보장정』에서 한글 전신부호의 모체로 채택됨으로써 본격적으로 활용되어 오늘날까지 이어져 온 것이다. 이것이 국가 표준으로 법률화된 것은 1888년의 일이었다. 『전보장정』이라는 전신규약으로 공식화된 것이다. 이 한글 전신부호는 짧은 점과 긴 점의 두 가지 기호를 조합하여 만든 것이어서 2진법의 구성으로 되어 있다. 이 2진법의 한글 전신부호가 오늘날 한글 코드로 발전되어 온 것이다. 그러니 한글 전신부호의 도입은 한글의 역사에서 귀중한 발자취를 남긴 것이라고 할 수 있다.

2) 한글 타자기

한글 쓰는 일을 빠르고, 정확하고, 균일하게 하기 위한 방안으로 타자기가 개발되었다. 우리나라 한글 타자기의 변화는 다음과 같은 과정을 거쳤다.

(1) 이원익의 한글 타자기

우리나라 최초의 한글 타자기는, 1913년에 이원익(wonic leigh)이 만든 타자기이다. 이원익은 로나녹크 대학에서 상업을 전공한 재미교포였다. 로마자 타자기인 레밍턴사의 '스미스프리미어 타자기 30(Smith Premier Typewriter 30, 1904)'에 한글 활자를 붙여 개발한 제품의 다섯벌씩 모아쓰는 타자기이다.

스미스프리미어 타자기 30

이원익 한글 타자기

타자 방식은 가로로 찍어 90도 돌려서 세로로 읽는 것이며 한글 서체는 해서체이고, 12글쇠 7열의 84글쇠식 타자기이다. 그러나 실용 단계에는 이르지 못하였다. 처음에는 '언문글시 쓰는 기계'라고 하였다. 현재 이 타자기의 실물은 전하지 않는 것으로 알고 있다. 단지 사진만으로 볼 수 있을 뿐이다.

(2) 송기주 한글 타자기

언더우드 타자기 회사에서 만든 옆으로 찍어서 세로로 읽는 모아쓰기 타자기이다. 자음 글자 3벌(가, 고, 과 등에 쓰이는 3종)과 모음 글자 1벌의 4벌의 배치로서, 받침은 가로모임 글자의 자음 글자를 겸용하도록 만들었다. 연희전문학교 출신인 송기주(keith c. song)에 의해 1930년에 개발되었다.

송기주는 연희전문학교를 졸업한 후 25세였던 1925년에 미국 텍사스 주립대학교에서 학사학위를 받았다. 1926년 시카고의 랜드 맥넬리 회사에서 지도 제도원으로 일하면서 시카고대학교 대학원 과정을 이수하다가 뉴욕으

송기주 타자기(국립한글박물관 소장)

로 갔다.

그는 한글 타자기를 고안하여 7년간 연구한 끝에 1933년 뉴욕의 타자기 제조회사 언더우드(underwood-elliott-fisher)와 제작에 합의하였다. 종전에 타자기가 있었으나 자판이 복잡하고 타자 열이 고르지 않아 실용성이 없었는데, 언더우드-송기주 타자기는 42개 글쇠로 현대체 한글을 고르게 찍을 수 있는 타자기로서 각광을 받았다. 실물을 볼 수 없다가 최근에 송기주 씨의 후손이 국립한글박물관에 기증하여 세상에 그 모습을 보이게 되었다.

(3) 공병우 타자기

처음으로 대중화된 한글 타자기는 1947년 공병우가 개발한 가로쓰기의 세벌식 타자기이다.

공병우(孔丙禹, 1906~1995)는 1938년에 우리나라 최초의 안과 개인병원인 '공안과'를 개원한 안과 의사였는데 특이하게도 6·25 한국전쟁이 일어나기

공병우 세벌식 한글 타자기(1947년 언더우드 제품)

바로 직전인 1949년, 처음으로 한글 타자기를 개발하게 된다. 공병우는 눈병으로 자신의 병원에 찾아온 국어학자 이극로의 한글에 대한 열정에 자극을 받아 본격적으로 한글에 관심을 가지기 시작했다고 한다.

해방이 된 후, 공병우는 후학들을 위해 『소안과학』이라는 책을 한글로 번역하여 발행하는 도전을 시작했다. 그 과정에서 더 정확하고 빠른 작업이 가능한 한글 타자기의 필요성을 느끼게 되었다. 수동식 영어 타자기를 해부하듯 다 뜯어내어 타자기의 기본구조를 익히는 것부터 연구를 시작했던 그는 결국 1949년에 한글 타자기 시제품을 만들어 내게 된다.

공병우 타자기가 유명해진 이유는 기존 타자기와는 달리, 가로찍기가 가능했으며 세벌식으로 자판을 배열하여 실용성을 높였기 때문이다. 현재 우리가 사용하고 있는 표준 자판은 자음과 모음으로 이루어진 두벌식 배열이지만 공병우 타자기의 자판은 세벌식 배열로써, 글쇠에 자음과 모음 외에 받침까지 추가되어 있다. 세벌식은 초성, 중성, 종성으로 나뉘는 한글의 원리를, 타자기의 자음, 모음, 받침의 글쇠로 구현한 것이다. 이것이 가능하기 위해서는 단방향으로 개별 문자가 나열되는 영문 타자기의 기계적 원리와는 다른 방식이 필요했고, 따라서 공병우는 쌍초점 방식을 개발해 냈다. 공병우의 한글 타자기는 한글의 구성 원리를 따른 것뿐만 아니라 빠른 속도로 타자를 칠 수 있게 개발되었으며, 손가락에 부담이 덜 간다는 이유로 여러 기관에서 인정을 받으며 사용되었다. 그러나 이러한 노력에도 불구하고, 정부는 1968년 7월 28일에 자음 한벌, 모음 두벌, 받침 한벌로 된 네벌식 글자판을 표준 자판으로 공표했다. 이후 1983년 8월 26일, 네벌식 표준 자판이 폐지되며 현재 우리가 사용하고 있는 두벌식 배열이 다시 정부 표준판으로 지정되어 지금까지 이어지고 있다.

김동훈식 타자기

(4) 김동훈(金東勳)식 타자기

이 타자기는 5벌식의 글자판인데, 활자로 박은 네모꼴 글자에 가깝게 찍힌다. 즉 자음(변자음 14자소, 관자음 14자소) 2벌과 모음(받침이 필요 없는 모음 13자소, 받침이 필요한 모음 13자소) 2벌, 그리고 받침(16자소) 1벌을 가지는 타자기이다. 1959년부터 시판되었다.

타자기는 한글 기계화의 길을 열었고, 오늘날 컴퓨터의 한글 표준 자판을 결정하는 데 중요한 역할을 하였다.

3) 한글 문서작성기

우리나라에 컴퓨터가 도입된 것은 1967년도인 것으로 알려져 있다. 이에 따라 한글 문서작성기도 개발되게 되었다. 오늘날에는 주로 '흔글'과 '워드'가 널리 사용되고 있지만, 초기에는 매우 다양한 문서작성기가 등장하였다.

우리나라의 정보화를 이끈 가장 중요한 도구는 문서작성기이다. 우리나라에서 처음으로 등장한 문서작성기는 '고려글'로 알려져 있다. 여기에서 시작하여 '보석글', '흔글', '훈민정음' 등의 문서작성기가 출시되었다. 특히 이 3가지 문서작성기는 우리나라의 문서작성기 발전을 돕는 데 가장 큰 공헌을 하였다.

그 외에 삼성전자의 글벗, 금성소프트웨어의 장원과 하니한글, 한국팔란티어의 팔란티어워드프로, 큐닉스데이터시스템의 으뜸글, 쌍용컴퓨터의 세종워프로, 옴니테크의 옴니워드 등이 있고, 또한 아름글, 백상, 쪽박사, 큰별, 인포워드, 텔레워드 등이 있었다. 거의 모두가 도스용 문서작성기였다.

(1) 흔글 1.0

이 중에서 '흔글'은 오늘날 우리나라 사람들의 대부분이 사용하고 있는 대중적인 문서작성기이다.

'흔글' 1.0은 한글과컴퓨터(주) 설립자인 이찬진과 김형집, 우원식이 1989년에 공동으로 개발해서 발표한 한글 문서작성기이다. 1992년에는 2.0, 1994년에는 2.5가 발표되었다. 이어서 한글 오피스 96(1996), 매킨토시용 한글 96(1997), 한글 97 강화판(1999), 한글 워디안(2000), 한글 2002(2001), 한글 2004(2003), 한글 2005(2004), 한글 2007(2006), 한글 2010(2010)이 잇따라 출시되었다.

한글이 세계 최고(最高)의 과학문자이자, 컴퓨터에 가장 잘 어울리는 문

한글 1.2

자라는 사실을 증명한 문서작성기로, 한국뿐 아니라 세계적으로도 널리 인정받은 소프트웨어이다. 그만큼 한국의 컴퓨터 역사에서 차지하는 비중이 크다.

그러나 이 프로그램들은 모두 디스켓으로 보관되어 있어서 보관이 어렵고 모두 새로 나온 버전만 사용함으로써 초기의 버전은 남아 있는 것이 없다. 다행히 한글과컴퓨터사에서 한 부를 보관하고 있으나 1.0은 남아 있지 않고 1.2만 남아 있다.

(2) 보석글

1985년에 삼보에서 내놓은 MS-DOS 환경의 한글 문서작성기로, 최초로 대중화된 것이었다. 보석글은 티메이커 리서치(T/Maker Research)라는 외국 회사의 소프트웨어 기능 일부분을 수정해 한글화한 것으로 완전한 의미의 국산 문서작성기는 아니다.

보석글 출시 당시에는 한글 코드 KSC-5601-87로 2,350자의 완성형 한글을 표현할 수밖에 없었으나, 보석글은 11,172자의 조합형 한글을 출력할 수 있었다. 그러나 한글 코드에 한계가 있어 사용하는 데 문제점이 있었다. 옛 한글과 논문에 자주 쓰는 단위 등을 표기하지 못했고 한자 표현도 일부만 가능했다. 당시에는 보석글을 비롯해 외국 제품을 한글화한 다른 문서작성 기들도 각기 다른 한글 코드를 채택하고 있었다.

프린터 드라이버 등을 제대로 지원하지 못해, 고가의 워드프로세서 전용 프린터가 있어야 했고, 출력을 하려면 앞뒤로 태그를 붙이는 특정한 시스템 과 프린터를 사용해야만 가능했다.

그럼에도 당시 보석글은 한글 코드가 일치하는 삼보 엡손 기종이 프린터 시장을 장악할 만큼 대중적이고 인기 있는 워드프로세서였다.

4) 한글 속기

속기란 쓰기 쉽고 읽기 쉬우며 외우기 쉬운 점, 선, 원, 위치, 문구, 길이 등으로 구성된 부호문자로서 일반문자로서는 기록할 수 없는 다른 사람의 말을 그 속도에 맞추어 빠짐없이 기록하는 것이다.

우리나라의 속기는 실용화 여부를 기준으로 8·15광복 이전의 속기는 비 실용속기, 그 이후를 실용속기로 구분한다. 실용속기 법식 창안은 광복 후 인 1946년 장기소(張基泰)의 '일파식(逸波式)', 김천한(金天漢)의 '고려식(高麗式)', 박송(朴松)의 '한국식(韓國式)'에 이어, 1947년 박인태(朴寅泰)의 '중앙식(中央式)', 1948년 이동근(李東根)의 '동방식(東邦式)', 강준원(姜駿遠)의 '서울식', 1950년 김세종(金世鍾)의 '세종식(世鍾式)', 1956년 남상천(南相天)의 '남천식(南天式)' 등이 발표되었다. 이러한 여러 방식의 속기법이 사용되어 오다가 정부 수립과 더불어 구성된 국회에서 필요로 하는 속기사를 배출하기 시작하면 서 서울식, 일파식, 고려식, 중앙식, 동방식 등 우리말 속기가 널리 보급되기 시작하였다. 그 후 1968년에는 국회사무처 내에 국회 속기사 양성소가 개설되고 의회법식연구위원회의 설치와 때를 맞추어 연구 작업에 착수한 결과 1969년에 '의회식(議會式)' 속기법이 새로 창안되었다. 이것은 기존의 일파식, 동방식, 고려식과 함께 국회 및 지방의회를 비롯하여 여러 분야에서 널리 활용되었다. 1990년대에 들어서는 통신기술의 발달로 인하여 속기록의 신속성을 중시하는 시대흐름에 따라 기존의 수필속기에서 전산속기로 바뀌어 전산화하고 있다.

그러나 현재 이 한글속기에 대한 최초의 기록이 어떠한 것인지는 알려져 있지 않다.

5) 한글 코드

(1) 코드

컴퓨터의 코드는 대체로 문자코드이다. 문자코드란 문자를 '다른 기호'로 바꾼 것인데 이 '다른 기호'가 곧 숫자이다. 그런데 컴퓨터에 쓰는 숫자는 우리가 쓰는 숫자와는 차이가 있다. 우리가 일반적으로 사용하는 숫자체계는 '0, 1, 2, 3, 4, 5, 6, 7, 8, 9'의 10개 단위로 표시되는 10진법의 10진수이다. 그래서 모든 숫자는 이 10개의 숫자로 이루어진 조합에 의해 표시된다. 그런데 컴퓨터는 0과 1이라는 두 개의 숫자만을 이용하는 2진수의 체계이다.

컴퓨터는 2진수 형태만을 사용하기 때문에 인간이 사용하는 언어 그 자체를 정보로 사용할 수가 없다. 인간의 언어를 컴퓨터가 사용할 수 있도록 하기 위해서는, 인간의 언어를 표기한 문자를 컴퓨터 내부에서 그 문자에 대응되는 2진수로 바꾸어 표현하여야 한다. 이러한 문자와 2진수의 대응관계를 문자코드라고 한다.

0과 1이라는 숫자로 배열하여 서로 대립될 수 있는 요소를 만들어 낼 수 있는 한 자릿수는 0과 1이어서 두 개밖에 없다. 그러나 두 자릿수의 단위를 가지고 조합한다면 00, 01, 10, 11의 네 개가 될 것이고, 세 자릿수의 단위로 조합한다면 000, 001, 010, 011, 100, 101, 110, 111의 여덟 개가 될 것이다.

표기하고자 하는 문자가 적으면 이에 대립되는 2진수의 체계가 간단하지만 문자가 많으면 그것을 표현하기 위한 2진수의 체계는 복잡해진다. 그러니까 0과 1이 조합되는 자릿수를 확대해 가는 것이다.

0과 1이 한 자릿수의 단위로 조합한다면 2개, 두 자릿수면 4개, 세 자릿수면 8개, 네 자릿수면 16개, 다섯 자릿수면 32개가 된다. 그래서 컴퓨터에서 사용할 수 있는 2진수의 자릿수를 8개로 한 컴퓨터가 처음 등장하게 되었다. 우리는 이것을 8비트 컴퓨터라고 한다. 8비트 컴퓨터에서는 2^8, 즉 256개의 문자코드를 쓸 수 있는 셈이다. 16비트 컴퓨터에서는 2^{16}인 65,536개를, 그리고 32비트 컴퓨터에서는 2^{32}개의 문자를 사용할 수 있다는 의미이다. 지금 우리가 일반적으로 사용하고 있는 컴퓨터는 대체로 64비트 컴퓨터이어서 2^{64}개의 문자를 사용할 수 있다.

(2) 코드와 비트와 바이트

0과 1을 나타내는 기본단위를 2진수 체계에서는 'binary digit'라고 하고 이것을 줄여서 비트(bit)라고 한다.

비트는 기억장치의 최소단위로서 1 또는 0 중에 어느 하나를 나타낸다. 8비트, 16비트 등 여러 개의 비트로 구성되어서 하나의 단위로 취급되는 비트 연쇄를 바이트라고 하는데, 일반적으로 8비트를 묶어서 1바이트라고 한다. 비트와 바이트를 그림으로 보이면 다음과 같다.

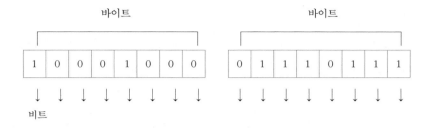

로마자 A를 '01000001', 한글 '가'를 '1011 0000 1010 0001'처럼 문자를 컴퓨터가 이해할 수 있는 2진수와 대응시킨 것을 '문자코드', 줄여서 '코드(code)'라고 한다. 로마자 A, B, C와 한글 '가, 각'의 코드를 보이면 다음과 같다. 로마자 'A, B, C'는 1바이트로 표시한 것이고, 한글 '가, 각'은 2바이트로 표시한 것이다.

문자	2진수
A	0100 0001
B	0100 0010
C	0100 0011
가	1011 0000 1010 0001
각	1011 0000 1010 0010

(3) 한글 코드의 유형

한글 코드란 한글을 컴퓨터 내부에서 2진수로 표현하기 위한 대응 규칙이다. 결국 한글 코드란 한글을 컴퓨터 내부에서 2진수로 처리하도록 정의한 문자 집합을 말한다. 그런데 한글에는 다음과 같은 것들이 포함된다.

한글 자모(ㄱ, ㄴ, ㄷ 등)	한글 음절(가, 각, 간 등)
한글 옛글자 자모(ㅸ, ㅿ, ㆁ, · 등)	한글 옛글자 음절(ㅺ, ㅱ, 슬, 빨 등)
기호 붙은 한글(ⓐ, ⒨, ⒭ 등)	초성자가 없는 글자(ㅣ, ㄹ 등)

이들이 한글 코드에 들어갈 내용이다. 이렇게 한글에 대응시킬 코드값이 너무 많아 어려움이 이만저만이 아니었다.

그렇지만 정보를 공유하기 위해서는 이러한 한글 코드가 통일되지 않으면 안 되었지만 그 표준화가 쉽지 않았다. 왜냐하면 한글 코드는 그 방법이 너무 다양하여서 어떤 종류의 코드를 사용하는 것이 가장 효과적인가를 결정하기가 수월하지 않았기 때문이다.

한글 코드는 조합 원리에 따른 유형에 따라 완성형 코드와 조합형 코드 그리고 통합형 코드로 구분된다.

① 완성형 한글 코드

완성형 한글 코드란 한글 1음절에 하나의 코드값을 부여하는 방식의 코드를 말한다. 1바이트로 처리될 수 있는 영문자와 달리 한글(음절)은 글자의 특성상 2바이트 이상의 부호체계로 구성되어야 하는데, 이를 국가표준화한 것이 KSC 5601이다. 국제표준화기구의 정보교환용 부호체계인 ISO 2022에 맞추어 1987년에 처음 제정된 이 표준은 '완성형 한글 코드'라고 불리며, 사용 빈도가 높은 한글 2,350자와 한자 4,888자 그리고 특수문자 986자로 구성되어 있다.

② 조합형 한글 코드

조합형 한글 코드란 한글 1음절을 초성, 중성, 종성으로 구분하여 각 자모에 독립된 코드값을 부여하는 방식의 코드이다. 완성형 한글은 모든 한글 글자를 다 지원하지 못하며, 그 구성 방법도 한글 음절의 조합 원리에도 맞지 않기 때문에, 민간에서 사용되던 코드체계를 발전시켜 1992년에는 소위 '조합형 한글 코드'를 완성형 코드와 함께 복수표준화하였다(KS C5601-1992).

③ 통합형 한글 코드

조합형 코드는 현대 한글의 처리에는 별 문제가 없지만, 옛한글의 자소를 조합형 코드체계 내에 다 수용할 수 없었으므로 옛한글 처리에는 어려움이 많았다.

또한 한자 역시 충분한 영역을 확보할 수 없으므로, 이상적인 한글 부호계 혹은 학술용 부호계로서는 부족하였다. 따라서 국내에서도 나름대로 이 문제의 해결책을 찾기 위해서 노력했고, 또 국제적인 활동에도 참여하여 유니코드(Unicode)의 제정에 우리 문자의 특수성을 반영하였는데, 그 결과로 만들어진 코드체계를 통합형 한글 코드라고 할 수 있다. 통합형이라는 것은 조합형과 완성형을 포괄하는 것이다.

세계 각국의 모든 문자를 한 체계 안에서 사용하기 위한 연구가 계속되어 ISO 10646-1이라는 국제표준부호계가 마련되었고, 우리나라에서도 1995년에 이를 국내표준(KS C 5700)으로 받아들였다. 이후에 KS × 1005-1로 재규격화되었다. 이 부호계에서 한글 음절자 11,172자는 완성형으로 처리되며, 한글 옛글자를 포함한 자소는 조합형으로 처리할 수 있도록 되어 있어서 조합의 과정을 거쳐 거의 모든 한글 음절자를 구현할 수 있게 되었다.

④ 유니코드 방식

1980년대에 전 세계에 컴퓨터가 널리 보급되고 또한 정보교환이 일반화되면서 정보의 공유를 위한 문자코드의 표준화가 절대적으로 필요하게 되었다. 그래서 1984년경부터 전 세계의 모든 국가에서 사용하고 있는 문자들을 하나의 단일 코드체계로 통합하려는 움직임이 일어났다.

이러한 음직임은 두 갈래로 일어났는데, 하나는 국제표준화기구(ISO)가 추진해 온 ISO 10646의 제정 움직임이고, 또 하나는 미국의 컴퓨터 업체, 예컨대 IBM, 애플, 휴렛패커드 등의 업체가 컨소시엄을 구성하여 추진한 유니코드이다. 전자는 멀티바이트(실제로는 2바이트 또는 4바이트) 코드로 규격화하는 방안이고, 후자는 16비트로 구성되는 문자 공간(65,536자)에 전 세계의 모든 문자를 배당하려고 한 것이다. 그러다가 1993년에 국제표준화기구에서 추진하고 있던 국제표준화 규격인 UCS(Universal Multiple –Octet Coded Character Set)로 단일화되었다.

유니코드는 2바이트로서 전 세계의 모든 문자를 표현할 것을 목표로 하여, 65,536자의 코드 영역을 사용하고 있다. 그래서 유니코드는 전 세계의 모든 언어를 표현하는 문자를 포함하고 있으며, 16비트의 길이로 효율성을 높이고 문자코드의 중첩을 최소화하게 되었다.

이 유니코드는 2바이트 코드체계로서, 기본 다국어 문자판(Basic Multilingual Plane, BMP)이라고 하는 곳에 전 세계의 모든 문자를 수용하도록 하였다. 이 유니코드 중에서 한글 코드는 완성형 현대한글 음절글자, 조합형의 호환용 한글 자모와 한글 자모 확장 A와 확장 B가 들어가 있다.

그 코드표를 부분적으로 보이면 다음과 같다.

	AC0	AC1	AC2	AC3	AC4	AC5	AC6	AC7	AC8	AC9	ACA	ACB	ACC	ACD	ACE	ACF
0	가	감	갠	갰	걀	걁	걐	거	검	겐	겠	결	격	겠	고	곰
1	각	갑	갡	갱	걁	걑	걑	걱	겁	겑	겡	겱	겱	겱	곡	곱
2	갂	값	갢	갲	걂	걒	걒	걲	겂	겒	겢	겲	겲	겲	곢	곲
3	갃	갓	갣	갳	걃	걓	걓	것	겓	겓	겣	겳	겳	겳	곣	곳
4	간	갔	갤	객	걄	개	걔	건	겄	겔	격	겤	계	겴	곤	곴
5	갅	강	갥	갵	걅	걕	겁	겅	겅	겕	겥	격	겵	겹	곥	공
6	갆	갖	갦	갶	걆	걖	겆	것	겖	겖	겦	격	겶	겺	곦	곶
7	간	갗	갧	갷	걇	걗	건	겇	겗	겗	겧	겷	겧	겻	곧	곷
8	갈	갘	갨	갸	걈	걘	걘	걸	겈	겘	겨	겸	견	겠	골	곸
9	갉	같	갩	갹	걉	걙	갱	걹	겉	겙	격	겹	겕	경	곩	곹
A	갊	갚	갪	갺	걊	걚	걚	겊	겚	겚	겪	겺	겚	겾	곪	곺
B	갋	강	갫	갻	걋	걛	걛	겋	겛	겛	겫	겳	겛	겿	곫	곻
C	값	개	갬	갼	걌	걜	격	겄	게	겜	견	겼	겔	격	곬	과
D	갍	객	갭	갽	강	걝	걝	겍	겝	겝	경	경	겕	겵	곭	곽
E	갎	갞	갮	갾	걎	걞	걞	겎	겞	겞	겮	겾	겮	겶	곮	곾
F	갏	갟	갯	갿	걏	걟	걟	겏	겟	견	겯	겿	겯	겷	곯	곿

완성형 현대한글 앞부분

	313	314	315	316	317	318
0	▨	ㅀ 3140	ㅐ 3150	ㅠ 3160	ㅁㅿ 3170	ㆀ 3180
1	ㄱ 3131	ㅁ 3141	ㅑ 3151	ㅡ 3161	뭉 3171	ㆁ 3181
2	ㄲ 3132	ㅂ 3142	ㅒ 3152	ㅢ 3162	ㅂㄱ 3172	ㅇㅅ 3182
3	ㄳ 3133	ㅃ 3143	ㅓ 3153	ㅣ 3163	ㅂㄷ 3173	ㅇㅿ 3183
4	ㄴ 3134	ㅄ 3144	ㅔ 3154	[HF] 3164	ㅂㅅ 3174	퐁 3184
5	ㄵ 3135	ㅅ 3145	ㅕ 3155	ㄴㄴ 3165	ㅂㅅㄷ 3175	ㆅ 3185
6	ㄶ 3136	ㅆ 3146	ㅖ 3156	ㄴㄷ 3166	ㅂㅈ 3176	ㆆ 3186
7	ㄷ 3137	ㅇ 3147	ㅗ 3157	ㄴㅅ 3167	ㅂㅌ 3177	ㅘ 3187
8	ㄸ 3138	ㅈ 3148	ㅘ 3158	ㄴㅿ 3168	ㅸ 3178	ㅙ 3188
9	ㄹ 3139	ㅉ 3149	ㅙ 3159	ㄹㅅ 3169	ㅹ 3179	ㆊ 3189
A	ㄺ 313A	ㅊ 314A	ㅚ 315A	ㄹㄷ 316A	ㅅㄱ 317A	ㆌ 318A
B	ㄻ 313B	ㅋ 314B	ㅛ 315B	ㄹㅐ 316B	ㅅㄴ 317B	ㆋ 318B
C	ㄼ 313C	ㅌ 314C	ㅜ 315C	ㄹㅅ 316C	ㅅㄷ 317C	ㆌ 318C
D	ㄽ 313D	ㅍ 314D	ㅝ 315D	ㅀ 316D	ㅅㅂ 317D	ㆍ 318D
E	ㄾ 313E	ㅎ 314E	ㅞ 315E	ㅁㅂ 316E	ㅆ 317E	ㆎ 318E
F	ㄿ 313F	ㅏ 314F	ㅟ 315F	ㅁㅅ 316F	ㅿ 317F	▨

호환용 한글 자모

	A96	A97
0	ᄄ A960	ᄰ A970
1	ᄃᄇ A961	ᄱ A971
2	ᄃᄉ A962	ᄲ A972
3	ᄃᄌ A963	ᄇᄏ A973
4	ᄅᄀ A964	ᄇᄒ A974
5	ᄅᄀᄀ A965	ᄊᄇ A975
6	ᄅᄃ A966	ᄋᄅ A976
7	ᄅᄄ A967	ᄋᄒ A977
8	ᄅᄆ A968	ᄍᄒ A978
9	ᄅᄇ A969	ᄐᄐ A979
A	ᄅᄈ A96A	ᄑᄒ A97A
B	ᄅᄫ A96B	ᄒᄉ A97B
C	ᄅᄉ A96C	ᄒᄒ A97C
D	ᄅᄌ A96D	
E	ᄅᄏ A96E	
F	ᄆᄀ A96F	

Initial consonants

A960	ᄄ	HANGUL CHOSEONG TIKEUT-MIEUM
A961	ᄃᄇ	HANGUL CHOSEONG TIKEUT-PIEUP
A962	ᄃᄉ	HANGUL CHOSEONG TIKEUT-SIOS
A963	ᄃᄌ	HANGUL CHOSEONG TIKEUT-CIEUC
A964	ᄅᄀ	HANGUL CHOSEONG RIEUL-KIYEOK
A965	ᄅᄀᄀ	HANGUL CHOSEONG RIEUL-SSANGKIYEOK
A966	ᄅᄃ	HANGUL CHOSEONG RIEUL-TIKEUT
A967	ᄅᄄ	HANGUL CHOSEONG RIEUL-SSANGTIKEUT
A968	ᄅᄆ	HANGUL CHOSEONG RIEUL-MIEUM
A969	ᄅᄇ	HANGUL CHOSEONG RIEUL-PIEUP
A96A	ᄅᄈ	HANGUL CHOSEONG RIEUL-SSANGPIEUP
A96B	ᄅᄫ	HANGUL CHOSEONG RIEUL-KAPYEOUNPIEUP
A96C	ᄅᄉ	HANGUL CHOSEONG RIEUL-SIOS
A96D	ᄅᄌ	HANGUL CHOSEONG RIEUL-CIEUC
A96E	ᄅᄏ	HANGUL CHOSEONG RIEUL-KHIEUKH
A96F	ᄆᄀ	HANGUL CHOSEONG MIEUM-KIYEOK
A970	ᄰ	HANGUL CHOSEONG MIEUM-TIKEUT
A971	ᄱ	HANGUL CHOSEONG MIEUM-SIOS
A972	ᄲ	HANGUL CHOSEONG PIEUP-SIOS-THIEUTH
A973	ᄇᄏ	HANGUL CHOSEONG PIEUP-KHIEUKH
A974	ᄇᄒ	HANGUL CHOSEONG PIEUP-HIEUH
A975	ᄊᄇ	HANGUL CHOSEONG SSANGSIOS-PIEUP
A976	ᄋᄅ	HANGUL CHOSEONG IEUNG-RIEUL
A977	ᄋᄒ	HANGUL CHOSEONG IEUNG-HIEUH
A978	ᄍᄒ	HANGUL CHOSEONG SSANGCIEUC-HIEUH
A979	ᄐᄐ	HANGUL CHOSEONG SSANGTHIEUTH
A97A	ᄑᄒ	HANGUL CHOSEONG PHIEUPH-HIEUH
A97B	ᄒᄉ	HANGUL CHOSEONG HIEUH-SIOS
A97C	ᄒᄒ	HANGUL CHOSEONG SSANGYEORINHIEUH

한글 자모 확장 〈A〉

	D7B	D7C	D7D	D7E	D7F
0	ힰ D7B0	ퟀ D7C0	ퟐ D7D0	ퟠ D7E0	ퟰ D7F0
1	ힱ D7B1	ퟁ D7C1	ퟑ D7D1	ퟡ D7E1	ퟱ D7F1
2	ힲ D7B2	ퟂ D7C2	ퟒ D7D2	ퟢ D7E2	ퟲ D7F2
3	ힳ D7B3	ퟃ D7C3	ퟓ D7D3	ퟣ D7E3	ퟳ D7F3
4	ힴ D7B4	ퟄ D7C4	ퟔ D7D4	ퟤ D7E4	ퟴ D7F4
5	ힵ D7B5	ퟅ D7C5	ퟕ D7D5	ퟥ D7E5	ퟵ D7F5
6	ힶ D7B6	ퟆ D7C6	ퟖ D7D6	ퟦ D7E6	ퟶ D7F6
7	ힷ D7B7		ퟗ D7D7	ퟧ D7E7	ퟷ D7F7
8	ힸ D7B8		ퟘ D7D8	ퟨ D7E8	ퟸ D7F8
9	ힹ D7B9		ퟙ D7D9	ퟩ D7E9	ퟹ D7F9
A	ힺ D7BA		ퟚ D7DA	ퟪ D7EA	ퟺ D7FA
B	ힻ D7BB	ퟋ D7CB	ퟛ D7DB	ퟫ D7EB	ퟻ D7FB
C	ힼ D7BC	ퟌ D7CC	ퟜ D7DC	ퟬ D7EC	
D	ힽ D7BD	ퟍ D7CD	ퟝ D7DD	ퟭ D7ED	
E	ힾ D7BE	ퟎ D7CE	ퟞ D7DE	ퟮ D7EE	
F	ힿ D7BF	ퟏ D7CF	ퟟ D7DF	ퟯ D7EF	

한글 자모 확장 〈B〉

이제는 한글을 구현하는 방법이 무척 다양해졌다. 모스 기호로 나타내는 방법도 있지만, 컴퓨터에서 한글을 구현하는 방법도 있다. 컴퓨터에서 사용하는 한글 코드란 어찌 보면 무척 단순하고 간단한 것 같지만, 실제로는 한글과 우리말에 대한 정밀한 조사와 검토를 거쳐서 이루어진 것이다.

그러나 아직도 컴퓨터에서 한글을 실현하는 방식은 안정되어 있지 않은 것으로 보인다. 각종 컴퓨터 프로그램과 인터넷의 정보 제공처에서 사용하는 한글 코드체계가 일정하지 않아서 겪는 고통이 한두 가지가 아닐 것이다. 심지어 우리나라 사람들이 가장 많이 사용하고 있는 문서작성기인 '흔글'에서도 버전이 다르면 모든 문자들이 자동으로 호환되지 않기도 한다. 한글 코드가 완전하지 않기 때문이다.

더군다나 남과 북이 인터넷으로 연결된다고 해도 남과 북이 서로 의사소통이 가능하지 않다는 사실은 우리를 서글프게 한다. 남과 북의 한글 코드가 다르기 때문이다. 남과 북의 사람들은 말은 서로 통할지언정 정보교환을 용이하게 하는 인터넷상에서나 컴퓨터로 업무를 처리할 때에는 완전히 의사 불통 상태가 될 것이기 때문이다. 코드가 맞아야 통일도 앞당기는 것이다. 최근에는 북에서도 점차로 유니코드를 사용하는 것은 그나마 다행스러운 일이다.

9. 언어문화적 측면에서 본 한글 변화의 이유

한글이 여러 가지 변화를 겪은 것은 언어문화적 측면에서 볼 때 다음과 같은 이유 때문이라고 생각한다.

1) 의사전달의 정확성과 신속성을 위해서

의사전달의 생명은 정확성과 신속성이다. 의사전달의 정확성을 제고하기 위해 등장한 것이 국어 표기법의 표준화이다. 한글맞춤법, 외래어표기법, 로마자표기법, 표준어 등이 그러하다.

그중에서도 대표적인 것이 한글맞춤법인데, 띄어쓰기나 문장부호 등은 특히 중요하다. 다음 예문을 보고 그 느낌을 직접 느낄 수 있다.

서울 가서 방 얻으시오.
서울 가서 방 얻으시오?
서울 가서 방 얻으시오!

한글을 통해 의사전달을 할 때 신속하게 전달하는 방법은 결국 한글로 쓰인 그 문자를 빨리 인식하는 것이다. 여기에는 대체로 두 가지 방식이 있어 왔다.

하나는 속독력이 뛰어난 한글 서체를 쓰는 방법이고 또 하나는 인상적으로 글씨를 쓰거나 그림을 함께 제시하는 방법이다.

한글 서체는 크게 보아 변별력이 뛰어난 서체와 속독력이 뛰어난 서체로 구분된다. 변별력이 뛰어난 서체는 곧 고딕체이고 속독력이 뛰어난 서체는 명조체이거나 신명조체이다. 요즈음은 이를 바탕체라고 한다. 그래서 세계의 모든 도로표지판은 고딕체로 되어 있으며 모든 교과서의 본문은 명조체이거나 신명조체로 되어 있다.

한글은 뛰어난 문자이지만 동시에 선과 점과 원의 간단함 때문에 변별력이 떨어지는 문자이어서 정확성과 신속성을 해결하는 데 많은 노력을 해야 한다.

그림을 함께 붙이는 방법의 대표적인 것이 만화일 것이다. 여기에서는 문자를 압축적으로 쓰고 대신 그림을 통해 의미를 신속히 전달한다. 그러나 우리나라 만화의 한글 서체는 아직도 연구자의 손을 기다리고 있는 셈이다.

2) 생각과 느낌의 전달 방법을 변화시키기 위해서

사람들이 서로 전달하려는 내용은 크게 두 가지이다. 즉 생각과 느낌이라고 할 수 있는데, 그중에서 정확하게 전달하여야 할 요소는 주로 '생각'이었다. '느낌'은 언어와 문자로서 정확하게 전달하는 데에 어려움이 있기 때문이다.

글 속에서 느낌을 전달하고자 여러 방법을 사용하였는데, 그것은 문학작품에서의 '묘사'나 '기술'에 해당하는 요소였다. 한 예를 들어 보자. 김소월의 '진달래꽃'에는 다음과 같은 구절이 있다.

나 보기가 역겨워 가실 때에는
말없이 고이 보내 드리우리다.
(중략)
나 보기가 역겨워 가실 때에는
죽어도 아니 눈물 흘리우리다.

마지막 연의 '죽어도 아니 눈물 흘리우리다'에서 부정어 '아니'의 위치는 매우 파격적이다. 부정어가 차지하는 적절한 위치에 놓고 문장을 만든다면 '죽어도 눈물 안 흘리우리다'나 '죽어도 눈물 흘리지 아니하리다'가 될 것이다. 그런데 이렇게 쓴 문장은 주인공이 상대를 원망하는 의미를 내포하고 있다. 그래서 주인공은 절대 눈물을 흘리지 않는 것처럼 느껴진다. 그러나

'죽어도 아니 눈물 흘리우리다'에서는 주인공이 눈물을 흘리고 있는 것 같은 느낌을 받는다. 이와 같은 감정 표시를 문장에서 글로 표현해 왔던 것이다. 이것을 서체를 변화시키거나 부가기호를 사용하여 생각과 느낌을 전달하려는 의도에서 한글은 변화를 겪게 되는 것이다.

3) 정서 표시의 방법을 달리 하기 위해서

만약에 앞에서 예를 든 김소월의 「진달래꽃」이란 시를 '제목체'의 서체로 쓴다면 이 시에서 느끼는 정서를 제대로 표현할 수 있을까?

컴퓨터로 글을 쓰기 이전에는 글자를 손으로 써서 그 정성과 마음을 담는 애틋함이 글씨에 나타난다고 하여 글씨 쓰는 법을 배우곤 했지만, 디지털 시대에는 컴퓨터로 입력하는 과정을 거치기 때문에 손글씨의 맛이 없어서 쓴 사람의 정성이나 느낌을 전혀 느낄 수 없다.

이렇듯 디지털 시대는 정서 표시의 방법에 변화를 가져오게 되었다. 예컨대 'ㅠㅠ'나 'ㅜㅜ' 등으로 표현하여 눈물 흘리는 장면을 연상케 함으로써 시각적 효과를 담으려고 하거나 'ㅋㅋㅋ'처럼 써서 청각적인 요소를 담으려고 하는 것이다.

4) 한글 표현의 새로운 방법을 강구하기 위해서

이러한 정서적 가치를 표현하는 데 가장 다양한 표현 방법이 등장한 곳은 인터넷상이다. 인터넷상에서 쓰이는 문자나 언어들은 여러 가지 이유로 한글이나 다른 부호들을 변형하여 이용하고 있다. 이 통신언어와 통신문자는 다음과 같은 데에 그 발생의 원인이 있다고 생각한다(여기에서는 일일이 구체적인 예를 제시하지 않는다).

① 문자는 개념적 의미만 전달할 수밖에 없는데, 그 문자에 정서적 의미까지 전달하려는 목적에서.

② 평범한 표현을 사용하기보다는 다른 사람들이 깜짝 놀랄 만한 표현을 써서 자신의 개성을 두드러지게 나타내고자 하는 욕구에서.

③ 사람들의 의사를 전달하는 기호에는 여러 가지가 있는데, 이 중에서 문자기호만을 선택하여 표현하였을 때에는 자신의 감정을 충분히 표현할 수 없다고 생각하여, 문자기호가 지니고 있는 제약을 깨뜨리고 새로운 기호로 자기 자신을 표현하기 위해서.

④ 청소년들이 자신들의 감정이나 의견 또는 행동을, 늘 자신들을 감시하고 있다고 생각하는 어른들에게 숨기기 위해서.

⑤ 통신언어의 가장 큰 생명은 신속성이라고 할 수 있는데, 짧은 시간에 많은 양의 의사를 전달하려는 욕구에서.

⑥ 통신언어의 중요한 기능 중의 하나가 시각성이라고 할 수 있는데, 시각적으로 특이한 표현을 사용하여 기존에 문자들이 지니고 있는 제약성에서 벗어나기 위해서.

⑦ 문자가 지니고 있는 정서적 가치를 높이고 표현력을 극대화하기 위해 개발된 것이 각종의 서체인데, 이들 서체가 많이 개발되어 있어도 그 서체들이 어떠한 감정을 표현하는 데 사용되는지에 대한 사용법조차 알려져 있지 않고 또 알지도 못하는 탓에 적합한 한글 서체를 사용하지 않아서.

이처럼 다양한 이유로 인해 한글은 창제 당시에 비해 여러 면에서 변화를 겪어왔다.

제 3 장

—

한글과 문화

인간의 일상생활은 하늘[天]과 땅[地]과 사람[人]의 삼재의 관계에서 찾을 수 있다. 그러나 인간관계는 항상 사람 중심일 수밖에 없다. 사람과 하늘의 관계, 사람과 땅의 관계, 그리고 사람과 사람의 관계가 인간의 생활문화라고 할 수 있다. 사람과 하늘의 관계는 사람과 신의 관계이어서 곧 인간의 종교관이 될 것이며, 사람과 땅의 관계는 사람과 자연과의 관계이어서 곧 사람의 자연관이 될 것이며, 사람과 사람의 관계 속에서 사람의 인생관이 발생하는 것이라고 생각할 수 있다. 하늘과 땅의 관계는 인식의 주체가 사람일 때 존재하기 힘들다.

한글은 이 모든 관계 속의 생각을 표현하고 있다. 종교관, 자연관, 인생관들이 표현된 한글 문화재는 우리 주위에 존재한다. 우리 선조들이 그러한 생각들을 표현한 한글 문화재들을 검토해 보기로 한다.

1. 종교와 한글

우리나라에서는 역사적으로 수많은 종교와 접해 왔다. 종교는 우리나라 사람들의 생활에 깊숙이 관여하여 왔기 때문에 한글과도 매우 깊은 연관이 있다.

1) 불교
훈민정음이 창제된 직후에 간행된 대부분의 문헌은 불교 관련 문헌이다.

「능엄경언해」

「법화경언해」

「육조법보단경언해」

「불설아미타경언해」

훈민정음 창제 직후에 간행된 불경언해에는 『사리영응기』(1449년), 『능엄경언해』(1461년), 『법화경언해』(1463년), 『선종영가집언해』(1464년), 『불설아미타경언해』(1464년), 『금강경언해』(1464년), 『반야심경언해』(1464년), 『원각경언해』(1465년), 『목우자수심결언해』(1467년), 『몽산화상법어약록언해』(1460년경), 『사법어언해』(1467년), 『육조법보단경언해』(1496년) 등이 있다.

　각 지방에서도 한글 불경을 간행해 내었다. 예컨대 『불설대보부모은중경언해』 하나만 보아도 한글 불경의 간행이 얼마나 많이 이루어졌는지를 알 수 있다. 이 『은중경언해』는 현재 간기가 분명한 문헌만도 약 30여 종의 이본이 있을 정도로 많이 간행되었다. 간기가 적혀 있지 않은 것까지 합하면 이보다 훨씬 많을 것이다. 다음에 표로서 그 이본들의 목록을 보이도록 한다.

　특히 한글 문헌이 중앙에서만 간행되다가 지방에서도 간행되기 시작한

『법화경언해』(봉서사판)

『목우자수심결언해』(봉서사판)

번호	연도	왕대	이본 사항
1	1545년	명종 1년	오응성 발문본
2	1553년	명종 8년	경기도 장단 화장사판
3	1563년	명종 18년	충청도 아산 신심사판
4	1563년	명종 18년	전라도 순천 송광사판
5	1564년	명종 19년	황해도 문화 패엽사판
6	1567년	명종 22년	충청도 은진 쌍계사판
7	1573년	선조 6년	전라도 김제 흥복사판
8	1580년	선조 13년	전라도 낙안 징광사판
9	1582년	선조 15년	경상도 의령 보리사판
10	1592년	선조 24년	경상도 풍기 희방사판
11	1609년	광해군 1년	경상도 대구 동화사판
12	1618년	광해군 10년	충청도 공주 율사판
13	1635년	인조 13년	최연 발문본
14	1648년	인조 26년	경상도 양산 통도사판
15	1658년	효종 9년	강원도 양양 신흥사판
16	1668년	현종 9년	경상도 개령 고방사판
17	1676년	숙종 2년	전라도 고산 영자암판
18	1680년	숙종 6년	경상도 청도 수암사판
19	1686년	숙종 12년	경상도 양산 조계암판
20	1686년	숙종 12년	경상도 경주 천룡사판
21	1687년	숙종 13년	경기도 양주 불암사판
22	1689년	숙종 15년	평안도 안변 조원암판
23	1692년	숙종 18년	강원도 고성 건봉사판
24	1705년	숙종 31년	평안도 정주 용장사판
25	1717년	숙종 43년	경기도 개성 용천사판
26	1720년	숙종 46년	전라도 금구 금산사판
27	1731년	영조 7년	함경도 영흥 진정사판
28	1760년	영조 36년	전라도 고창 문수사판
29	1794년	정조 18년	전라도 전주 남고사판
30	1796년	정조 20년	경기도 화성 용주사판
31	1801년	순조 1년	전라도 전주 남고사판
32	1806년	순조 6년	전라도 고산 안심사판
33	1912년		경성 강재희서

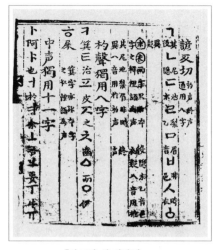

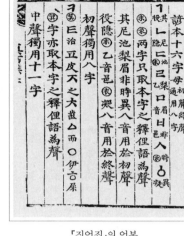

『밀교집』의 언반절 　　　　　　　　　『진언집』의 언본

것은 1500년에 경상도 합천의 봉서사에서 간행된 『목우자수심결언해』와
『법화경언해』로 알려져 있다. 이것이 한글이 지방으로 확산되는 중요한 계
기를 마련한 것으로 보인다.

　그뿐만 아니라 불경언해에서는 한글을 가르치기 위한 언문반절표를 불경
에 싣고 있어서 역시 한글 보급에 큰 역할을 한 것으로 보이는데, 대표적인
것이 『밀교집』(1784년)에 보이는 '언반절(諺反切)'이다. 마찬가지로 『진언집』
에도 '언본'이란 이름의 언문반절표가 들어 있다.

　불경언해는 주로 한문으로 된 중국 문헌을 언해한 것이어서 그 문헌의 문
자는 한자와 한글이 주종을 이룬다. 대부분의 불경언해는 한문 원문과 언해
문이 동시에 실리기도 하지만 범자(梵字)와 함께 실린 것도 있다. 진언(眞言)
은 산스크리트어로부터 온 것이어서 범자와도 연관되어 있기 때문이다. 이
러한 경우는 대부분이 그 내용을 알기 위한 것보다는 주문을 암송하기 위한

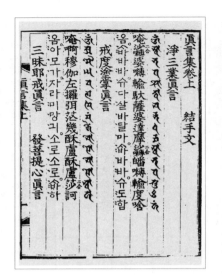

『중간 진언집』(1800년)

『법화경언해』(필사본) 궁체

것으로서 범자 원문과 함께 그 음역이 실리기도 한다. 그러나 고유어의 표기와는 차이를 보인다. 즉 외래어와 외국어 문자 표기가 다르고 서체도 달리 했다.

불교 관련 한글 문헌들은 그 이용자들의 계층이 다양하여서 문헌의 한글 서체도 다양하다. 심지어 주로 사대부들이 사용하였던 궁체로 간행된 판본도 보이며, 필사본에서도 궁체로 쓴 문헌을 쉽게 발견할 수 있다.

2) 유교

유교 관련 한글 문헌들은 경서의 해석 방법이 유학자들마다 각각 다르기 때문에 빚어지는 혼란을 바로잡기 위해서, 당시의 대표적 유신들이 대거 참여하여 간행하였다. 그래서 구결자들이 매우 정확하게 쓰이어서 유교 관련 삼경사서 언해본들은 이본이라고 해도 문장상의 차이는 거의 없다. 이러한 이유로 사서언해들은 여러 번 간행되었지만, 대개 10행 19자본과 10행 17자본, 10행 23자본, 12행 23자본, 13행 26자본 등으로 대별할 수 있다. 10행 19자본은 16세기의 원간본을 따른 것이고, 10행 17자본은 1695년에 간행된 무신자본 활자본을 따른 것이며, 10행 23자본은 19세기 후반의 판식을 따른 것으로, 후대에 간행된 것이다. 12행 23자본은 주로 영영장판에서 볼 수 있는 판식이며, 13행 26자본은 20세기 초의 방각본에서 흔히 발견되는 것이다.

유교 관련 한글 문헌들은 원문이 모두 한문으로 되어 있어서 한문 원문과 언해문을 동시에 실어 놓았다. 또 엄격한 기준에 의해 간행되었기 때문에 궁체로 간행된 것은 보이지 않는다. 이것은 필사본에서도 거의 찾아 볼 수 없다. 이러한 점에서 불교 관련 문헌들과 차이를 보인다. 엄격한 기준을 적용한 것이 그 이유일 것으로 생각된다.

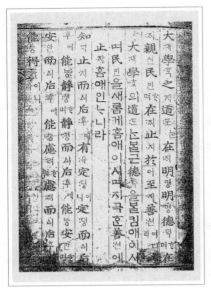

10행 19자본 『대학언해』(대영도서관본)

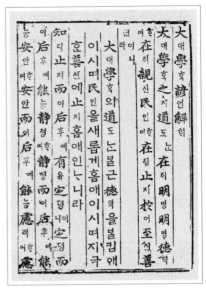

10행 17자본 『대학언해』(무신자본)

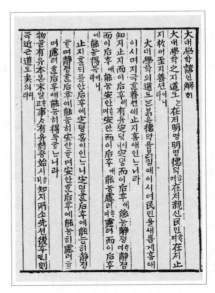

12행 23자본 『대학언해』(영영장판)

13행 23자본 『대학언해』(방각본)

유교 관련 한글 문헌도 각 지방에서 간행됨으로써 한글 보급에 많은 영향을 주었을 것이다. 그러나 불교 관련 문헌처럼 그 책 속에 언문반절표 등의 한글 교육 관련 자료가 들어 있는 문헌은 찾을 수가 없다.

3) 도교

도교는 특히 관성제군(關聖帝君), 부우제군(孚佑帝君), 문창제군(文昌帝君)의 삼성(三聖)을 모시는 종교이다. 도교 관련 한글 문헌들은 대체로 한글전용 문헌이다. 종교를 일반 서민들에게 쉽게 알리기 위한 수단으로 배우기 어려운 한문보다는 쉽게 배울 수 있는 한글을 선택하였기 때문인 것으로 해석된다.

도교 관련 문헌은 주로 18세기 말의 경신록언석(1796년)으로부터 시작하

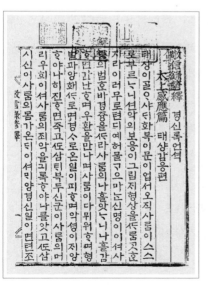

『경신록언석』(1796년)

『조군영적지』(1881년)

여 『태상감응편도설언해』(1852년), 『남궁계적』(1876년), 『과화존신』(1880년), 『삼성사실』(1880년), 『조군영적지』(1881년), 『경석자지문』(1882년), 『관성제군명성경언해』(1883년), 『관성제군오륜경』(1884년), 『문창제군효경언해』(1884년) 등인데, 이들 중 몇몇을 제외하고는 책의 크기가 작다. 한글 서체도 궁체로 되어 있는 문헌(『태상감응편도설언해』, 『경석자지문』)도 있지만, 대부분은 소위 민체(民體)에 해당할 정도의 서민적인 서체를 사용하고 있음이 특징이다.

4) 기독교

기독교 관련 문헌들은 대체로 한글전용으로 쓰이었고 또한 띄어쓰기도 많이 이루어졌다. 이것은 영문과 한글이 동시에 쓰인 문헌이 그 당시의 우리나라에서는 전혀 통할 수 없는 편찬 형식이었기 때문일 것이다. 그뿐만 아니라 기독교를 전파한 외국인들이 한자와 한문에 대한 지식이 부족하여 한자를 쓰기 힘들었던 것에도 그 이유가 있을 것이다.

띄어쓰기는 한글전용 때문에 발생하였다. 국한혼용을 한다면 띄어쓰기를 하지 않아도 문장에 중의성이 발생하지 않지만, 한글전용을 하게 되면 문장에 중의성이 발생하기 때문이다. 일본어에서 띄어쓰기를 하지 않는 것은 한자를 사용하기 때문이다. 예컨대 '서울가서방얻어라'와 '서울가서房얻어라'와 '서울가書房얻어라'를 비교해 보면 쉽게 이해할 수 있을 것이다.

기독교 문헌들은 주로 신식활자본을 이용하여 출판하여서 우리나라 출판문화사에 끼친 영향이 크다. 한편으로는 서양 언어의 유입으로 외래어와 외국어에 대한 인식에 혼란을 가져오게 되었다. 그래서 기독교 문헌에는 '바올'과 '뿔'의 표기 등이 섞여 쓰였고 이로부터 외래어표기법의 문제가 발생하기 시작하여 외래어표기법 정리의 단초를 마련하기도 하였다.

한글 관련 종교 서적 가운데 가장 종류가 다양하고 많은 것이 기독교 관

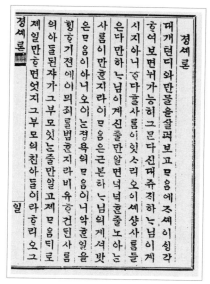

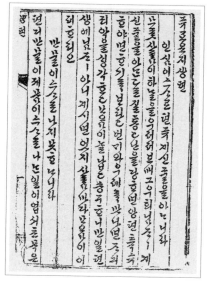

『경세론』(1896년)　　　　　　　　『주교요지』(1788년)

런 문헌일 것이다. 특히 외국인들에 의해 쓰인 문헌이 많아서 서구어의 번역 양상을 살필 수 있는 좋은 자료를 제공해 준다.

5) 동학

동학의 경전은 『동경대전(東經大全)』과 『용담유사(龍潭遺詞)』이다. 『동경대전』을 한글로 쓰지 않은 것은 최제우가 동학을 창도할 당시에 양반들에게 '동학'이 '서학'과 동일하지 않은, 전통적인 종교라는 인식을 갖게 하기 위한 것으로 해석하기도 한다.

한글로 되어 있는 『용담유사』에는 '용담가, 안심가, 교훈가, 권학가, 홍비가, 도수가, 몽중노소문답가, 도덕가' 등이 있는데, 한자를 배우지 못한 서민

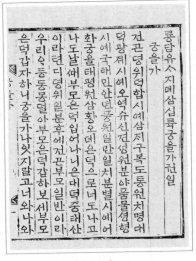

「궁을가」

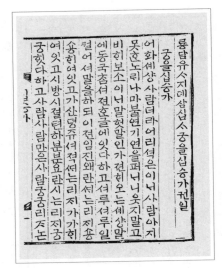

「궁을십승가」

이나 아녀자들에게 동학의 사상을 쉽게 이해하게 하기 위해서 한글전용으로 지은 것이다.

『용담유사』에 보이는 한글 서체는 오늘날 이야기하고 있는 소위 '민체'에 해당하는 것이어서, 서민들에게 쉽게 다가갈 수 있는 서체를 이용하였다. 그뿐만 아니라 이 당시에 이러한 서체가 일반인들에게 널리 유행하고 있었음을 알려 준다. 그래서 동학 관련 한글 문헌에서 궁체로 쓰인 것은 볼 수 없다. 그리고 흘림 글씨도 전혀 보이지 않는다. 이것은 일반 대중들에게 한글을 흘려 씀으로써 발생할 수 있는 문제를 없애기 위한 의도로 해석된다. 즉 한글을 조금이라도 이해할 수 있는 사람은 누구나 읽을 수 있도록 쓰인 것이다. 궁체 한글 소설을 읽을 수 있는 사람은 이미 한글을 유창하게 구사할 수 있는 계층의 사람인 것과는 대조적이다.

6) 민간신앙

민간신앙 관련 한글 문헌에는 목판본이나 활자본이 거의 없다. 연활자본이 등장한 이후에는 '당사주(唐四柱)'나 '점책' 등의 문헌들이 많이 간행되었지만, 그 이전에는 목판본이나 활자본으로 간행된 적이 없다. 심지어 방각본이 나온 뒤에도 민간 사서에서조차 판본으로 간행한 적이 없다. 민간신앙 관련 한글 문헌은 거의 모두가 필사본으로만 전한다.

그중에 대표적인 것이 '당사주'일 것이다. 이 당사주는 주로 그림과 함께 한글로 쓰이어 있다. 서민들이 한글을 잘 알아서라기보다는 한자를 몰라서 한글로 썼을 가능성이 더 높다. 양반들이 한글을 몰라서 한자를 쓴 것이 아닌 것과는 달리, 서민들은 한글을 잘 알아서 한글을 쓴 것이 아니라 한자를 잘 몰라서 한글을 주로 쓴 것이다.

대부분의 당사주 책은 천연색으로 그린 그림이 있고 그 아래에 한글로 설명을 써 놓고 있다. 그것도 한글전용으로 써 놓은 경우가 대부분이다. 당사주 책을 이용하는 사람들이 주로 점쟁이와 같은 계층이었으니 한글이 훨씬 이해하기 수월했을 것으로 추정된다.

서민들이 가장 많이 접촉했던 종교가 아마도 민간신앙일 것이다. 점을 치거나 운수를 볼 때, 점치는 분들이 늘 옆에 놓고 보는 책이 사주 책일 것이다. 사주(四柱)란 사람이 태어난 해, 달, 날, 시를 갑자, 을축 등의 육십간지로 계산한 것인데, 그 간지가 각각 2자씩 되어 있고 총 8자로 되어 있어서 '사주 팔자(四柱八字)'란 말이 생긴 것이다. 사주 책은 사주팔자를 가진 사람의 길흉화복을 점치는 책이다.

그중에 흔한 책이 당사주 책이다. 당사주는 사람의 생년, 생월, 생일, 생시와 천상(天上)에 있다고 하는 12성의 운행에 따라 인생의 길흉을 점치는 방식이다. 이 당사주 책에는 대부분 그림이 있는데, 그 그림도 대부분은 천연

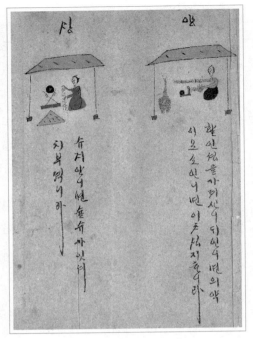

당사주 〈1〉 (27.5×19.8cm)　　　　　당사주 〈2〉 (27.5×19.8cm)

색으로 되어 있어서 사람들의 흥미를 끌고 있다.

　위 당사주 책은 천연색으로 되어 있는데, 그림이 매우 희화화되어 익살스럽게 그려져 있다. 당사주 〈1〉 그림은 사람이 나뭇가지에 목매달아 있는 것이고, 당사주 〈2〉의 오른쪽 그림은 약을 달이는 그림이며, 왼쪽 것은 점을 치는 모습이다. 그리고 그 아래에 한글이 쓰이어 있는데, 당사주 〈1〉은 '자결이 안니면 목병이 잇시리라 연나나 삼십을 지닉면 무스ᄒ니라'라고 하고 당사주 〈2〉의 오른쪽 그림에는 '활인성을 가져신니 딕인니면 의약이요 소인니면 이ᄎ싱지ᄒ니라'라고 적혀 있다. 즉 '활인(活人)의 성을 가졌으니 대인(大人)이면 의약(醫藥)이고 소인(小人)이면 이차생지(以此生之, 이것으로 살아간다)

니라'라고 하여 어렸을 때와 어른이 되었을 때의 사주를 설명하고 있다. 왼쪽에는 '슈지 안니면 슐슈가 잇서 치부 젹니라'라고 하여 '수재(秀才) 아니면 술수(術數)가 있어서 치부(致富)가 적다'. 즉 손재주나 점치는 재주가 있어서 재산을 모으는 일이 적다고 하였다. 그 글에 대한 설명이 곧 그림인 것이다.

당사주 책의 그림은 대부분 정제되어 있지 않아서, 마치 그림에 재주가 없는 사람이 제멋대로 그려 놓은 것 같이 보인다. 그뿐만 아니라 여기에 쓰인 한글의 표기에도 일정한 규칙이 보이지 않는다. 목판이나 활자본으로 간행된 문헌이나 필사본이라도 정성들여 쓴 문헌에는 그 한글 표기가 매우 정제되어 있는 데 반해서, 여기에 보이는 한글 표기는 정제되어 있지 않다. 한글 서체도 궁체는 드물고 대부분 민체로 쓰이었다. 이렇듯 서민들이 그린 그림과 써 놓은 한글에서는 자유스러움을 느낀다. 그래서 더욱 정감이 가기도 한다.

7) 부적

부적은 종이에 글씨, 그림, 기호 등을 그린 것으로 그것이 악귀를 쫓거나 복을 가져다준다고 믿는 주술을 위한 도구다.

대개의 부적은 이상한 기호처럼 그려져 있다. 그림과 함께 글자가 쓰이어 있는 것도 흔히 볼 수 있다. 그 글자가 한글로 되어 있는 부적도 많다. 그러나 그 부적에 쓰인 한글은 한문구를 한글로만 표기해 놓은 것이어서 그 뜻을 이해하기 어렵다. 이것은 부적의 신비성을 높이는 데 큰 효과를 주었다고도 할 수 있다.

부적은 주로 황색 바탕에 붉은 색으로 그린다. 주사(朱沙)로 그리는 것이 대부분이다. 황색이나 주색은 광명을 뜻하고 악귀들이 가장 싫어하는 빛이기 때문이다. 물론 흰 바탕에 쓴 부적도 꽤나 많은 편이다.

한글로 된 부적이 왜 많은지는 이 부적들을 사용하는 계층과 연관이 있는

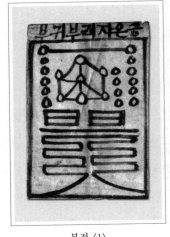

부적 〈1〉　　　　　　　　　　　　부적 〈2〉

것 이외의 다른 이유를 찾기 힘들다.

부적을 이용하는 서민들에게 친숙하게 하기 위하여 한글이 사용되었을 것으로 생각된다. 그렇다고 상류층에 있는 사람들은 이 부적을 이용하지 않았다는 것은 아니지만, 상대적으로 서민들이 더 많이 찾았음을 부정하기는 어렵다.

2. 인간관계와 한글

1) 부부

우리를 슬프게 하는 일은 사랑하는 사람을 잃었을 때일 것이다. 그래서 가례(家禮)의 사례(四禮), 즉 관혼상제(冠婚喪祭)에는 사람이 죽었을 때와 연관

142

된 예의가 두 가지나 있다. 상례(喪禮)와 제례(祭禮)가 그것이다. 사람이 죽어서 장사 지낼 때와 제사를 지낼 때의 예의가 사례에 있다는 것은 우리 인생에서 사람의 죽음이 그만큼 슬프고 안타까운 것임을 보여 준다.

(1) 안민학의 '애도문'

지금까지 발견된 최초의 한글 고문서로서는 1576년에 안민학(安民學, 1542~1601)이 그 부인인 곽씨부인(郭氏夫人)이 23세를 일기로 세상을 떠나자 상중(喪中)에도 애도의 정을 적어 입관할 때에 관 속에 넣어 준 '애도문'을 들 수 있다.

안민학의 애도문(일부)

그 애도문의 일부를 현대어로 번역하여 보이면 다음과 같다.

〈현대어역〉

남편 안민학은 아내 곽씨 영전에 고합니다.

나는 임인생이고 당신은 갑인생으로 정묘년 열엿샛날 합궁하니(혼인하니), 그 때가 나는 스물다섯인 때이고 당신은 나이 열셋인 때(입니다). 나도 아버지 없는 궁한한 과부의 자식이고, 당신도 궁한한 과부의 자식으로서 서로 만나니 당신은 아이고 나는 어른이었습니다. 그러나 (당신의) 뜻이 어려서부터 독실하지 못한 유학의 가르침을 배우고자 하여서, 부부유별이 사람의 큰 도리이므로 (이에 따라) 압닐하게 하지 말 것이라고(가깝게 지내지 말 것이라고) 하여 당신과 내가 함께 압닐하게(가깝게) 말인들 하였으며, 밝은 곳에서 밥 먹은 때인들 있나요? 내가 당신에게 밤이나 낮이나 늘 가르치되 어머님께 봉양을 지성으로 하고 지아비에게 순종하는 것이 부인네 도리라고 하며 말하더니, 십 년을 같이 살아서 그 바라는 것이 이루어지었습니다. 당신이 내 뜻을 안 받고자 할까마는 궁한 집에 과부 어머님이 위에 있고 나 하나 오활하고(사리에 어둡고 세상 물정을 모름) 옹졸하여 가사로는 아주 챙기지 못하였습니다. 외로운 시어머님께 봉양하는 정이 지극하였습니다. 그런데 이 어찌 하겠습니까? (이하 생략)

이 안민학의 애도문이 우리에게 주는 의미는 매우 크다. 안민학은 사대부의 한 사람이었다. 이 애도문의 주인공인 곽씨부인과 사별한 후 성종의 증손과 재혼할 정도의 명망이 높은 집안사람이었다. 그러한 사람이 순국문으로 이렇게 문장이 유려한 글을 쓸 수 있었다고 하는 사실은, 훈민정음 창제 이후 약 1세기가 지난 1576년에 이미 많은 사람들이 한글을 쓸 줄 알았다는 것을 알려 준다. 일반적으로 사대부 사람들은 한자를 숭상하고 한글을 업신

여겼다고 알려졌지만, 이 애도문에서 보는 바와 같이 사대부 사람들도 문장력이 뛰어난 순국문으로 글을 쓸 수 있었다. 이러한 사실은 한글의 발전사에서 매우 획기적인 일이라고 하지 않을 수 없다. 물론 이 애도문이 아내인 곽씨부인에게 보내는 것이어서 순국문으로 쓴 것이라는 점도 고려될 수 있지만, 말하는 대로 한글로만 글을 쓸 수 있었다고 하는 점에서 이 애도문은 매우 주목할 만한 가치가 있는 자료이다.

(2) 이응태 묘 출토 한글 편지

한글 고문서인 '이응태 묘 출토 한글 편지'는 1998년 4월에 경북 안동시 정상동의 택지 조성공사로 고성 이씨(固城 李氏) 문중의 묘를 이장하던 중에 이응태(李應台, 1556~1586)의 묘에서 발굴된 편지이다. 이응태의 묘에서는 복식 75점이 발굴되었고, 머리맡에서는 삼과 머리카락을 섞어 만든 미투리가 발

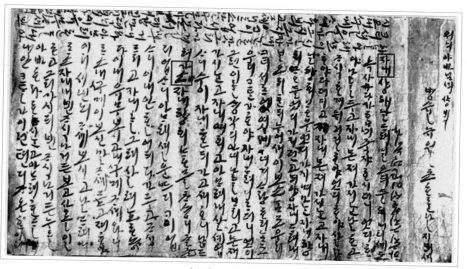

이응태 묘 출토 언간

견되었으며, 부인인 원이엄마의 한글 편지와 아버지와 형이 쓴 만사(輓詞), 부채에 쓴 한시(漢詩), 장신구들이 함께 출토되었다. 현재 안동대학교 박물관에 소장되어 있다.

이 중에서 미투리는 병으로 누운 남편을 낫게 하기 위해 머리카락으로 신을 삼아 신긴다는 옛말에 따라 이응태 부인이 만든 것으로, 시신의 위에 놓여 있던 것이다. 물론 이 무덤에서는 아직 태어나지 않은 자신의 배 속 아이에게 줄 배냇저고리까지 발견되었으며, 역시 남편에게 바치는 애절한 편지인 '원이엄마 편지'도 남편의 시신 위에서 발견되었다.

이 편지의 전부를 현대어로 번역하여 보이면 다음과 같다.

원이 아버지에게

당신 언제나 나에게 둘이 머리 희어지도록 살다가 함께 죽자고 하셨지요. 그런데 어찌 나를 두고 나와 어린아이는 누구의 말을 듣고 어떻게 살라고 다 버리고 당신 먼저 가십니까?

당신 나에게 마음을 어떻게 가져왔고 또 나는 당신에게 마음을 어떻게 가져왔었나요? 함께 누우면 언제나 나는 당신에게 말하곤 했지요. 여보 다른 사람들도 우리처럼 서로 어여삐 여기고 사랑할까요? 어찌 그런 일을 생각하지도 않고 나를 버리고 먼저 가시는가요?

당신을 여의고는 아무리 해도 나는 살 수 없어요. 빨리 당신께 가고 싶어요. 나를 데려가 주세요. 당신을 향한 마음을 이승에서 잊을 수가 없습니다. 서러운 뜻 한이 없습니다. 내 마음 어디에 두고 자식 데리고 당신을 그리워하며 살 수 있을까 생각합니다.

이내 편지 보시고 내 꿈에 와서 자세히 말해 주세요. 꿈속에서 당신 말을 자세히 듣고 싶어서 이렇게 써서 넣어드립니다. 자세히 보시고 나에게 말해 주세요.

당신 내 배 속의 자식 낳으면 보고 말할 것 있다 하고 그렇게 가시니 배 속의 자식 낳으면 누구를 아버지라 하라시는 거지요? 아무리 한들 내 마음 같겠습니까. 이런 슬픈 일이 하늘 아래 또 있겠습니까. 당신은 한갓 그곳에 가 계실 뿐이지만 아무리 한들 내 마음같이 서럽겠습니까. 한도 없고 끝도 없어 다 못쓰고 대강만 적습니다. 이 편지 자세히 보시고 내 꿈에 와서 당신 모습 자세히 보여 주시고 또 말해 주세요. 나는 꿈에는 당신을 볼 수 있다고 믿고 있습니다. 몰래 와서 보여 주세요. 하고 싶은 말 끝이 없어 이만 적습니다.

병술년 유월 초하룻날 아내가

이응태 묘 출토 한글 편지는 순한글로 쓴, 생동감이 넘치는 글이다. 특히 한글로만 쓰이어서 애틋한 감정을 그대로 표현할 수 있었음을 보이는, 그 문학성이 매우 높은 글이라고 할 수 있다.

이러한 글들을 통하여 그 당시 우리 선조들의 개인과 사회의 생생한 실상을 파악할 수 있으며, 또한 우리말과 우리글을 어떻게 운용하여 자신의 생각과 느낌을 전달해 왔는가를 속속들이 알 수 있다. 특히 부부간의 사랑을 이렇게 한글로 표기함으로써 그 당시의 부부애가 어떠했는가도 잘 보여 주고 있다.

2) 부모와 딸

(1) 버선본과 한글

'버선'은 발을 따뜻하게 하거나 맵시를 내기 위해 천으로 만들어 발에 신는 물건이다. 보통은 무명으로 만드는데, 버선의 테두리는 발목의 '부리' 부분만 직선일 뿐, 모두 곡선이어서 천을 그 모양대로 자르기 위해서는 본을 떠야 한다. 이것이 '버선본'이다. 버선본은 잘 찢어지지 않고 오래 보관할 수 있는 한지로 만든다.

사람마다 발의 크기와 모양이 달라서 버선본도 사람마다 다르다. 한 집안 사람이라고 해도 버선본은 각각 달라서 사람별로 버선본을 달리 만든다. 집안 식구 수만큼 버선본이 있었던 셈이다.

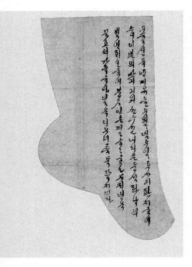
버선본 〈1〉

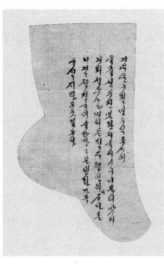
버선본 〈2〉

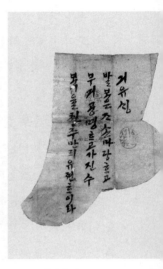
버선본 〈3〉

버선본은 여자들이 만들고 또 사용하였는데, 이 버선본에 순국문으로 기록을 남기는 경우가 많다. 다음의 버선본들이 한글이 쓰인 버선본들이다.

이 버선본에 쓰인 내용에 한자와 주석을 붙이면 다음과 같다.

버선본 〈1〉

무술싱(戊戌生)(무술년은 1873년으로 추정됨. 즉 이 버선본의 주인공은 1873년에 태어

난 사람임) 쥬영(이 버선본을 만든 사람의 이름으로 추정됨) 계유(癸酉)(계유년은 1873
년으로 추정됨. 곧 이 버선본의 글을 쓴 연대임) 윤오월(閏五月) 념오일(念五日)(25일)
호시(好時, 좋은 시절)의 환지(변변하지 못한 그림을 그리는 데에 쓰는 종이)ᄒ 여스니
이 쏜의 맛긔 긔워 신으시고 내외(內外)분 풍식화낙(豐殖和樂, 풍성하게 늘어나고
화평하게 지냄)의 빅년히로(百年偕老, 부부가 되어 한 평생을 사이좋게 지내고 즐겁게
함께 늙음)ᄒ여 붕ᄌ인손(鳳子麟孫, 봉황같은 아들과 기린 같은 손자) 계계승승(繼繼
承承)ᄒ고 부지영욱(富財榮郁, 부자가 되고 영화가 성함) 문호(門戶, 집안)의 가득ᄒ
야 일속(一束)이 우러(우러러) 류복(裕福)할지어다.

버선본 〈2〉
계유(癸酉) 윤오월(閏五月) 념오일(念五日) 호시(好時)에 을츅싱(乙丑生, 을축생이
면 1805년생으로 추정됨) 보선쏜(本) 환지(還紙)ᄒ여스니 이 본(本)의 맛긔 긔워 신
으시고 내외(內外)분 빅슈행년(白壽行年, 아흔아홉살까지 나이를 먹음)의 다ᄌ다손
(多子多孫, 자손이 많음)이 계계챵셩(繼繼昌盛, 대대로 기세가 크게 일어나 잘 뻗어 나
감)ᄒ여 슬하(膝下) 각각(各各)분 영화(榮華) 가득ᄒ실지라 두웃겁도다.

버선본 〈3〉
기유생(1909년으로 추정) 발본(버선본)은 자손만당(子孫滿堂)하고 부귀공명(富貴
功名)하고 가진 수복(壽福)을 천추만대(千秋萬代) 유전(遺傳)하게 하게 하세요

이들을 직역하면 다음과 같다.

버선본 〈1〉
무술년(1838년)생인 주영이가 계유년(1873년) 윤5월 25일 좋은 때에 변변치 못한

종이로 버선본을 떠서 드리니 이 본에 맞게 버선을 만들어 신으시고 내외분 풍식화락(豊殖和樂)하고 백년해로하시어 훌륭한 자손 계계승승하고 부재영옥이 집안에 가득하여 한 가족이 모두 유복하기를 바랍니다.

버선본 ⟨2⟩
계유년(1873년) 윤5월 25일 좋은 때에 을축생(1805년)이신 부친의 버선본을 보잘 것없는 종이로 만들었으니 이 본에 맞게 버선을 만들어 신으시고 내외분 오래 오래 사시고 다자다손하여 계계창성하여 슬하의 모든 사람들에게 영화가 가득하시기를 기원합니다.

버선본 ⟨3⟩
기유생(1909년으로 추정) 발본(버선본)은 자손만당하고 부귀공명하고 가진 수복을 천추만대 유전하게 하게 하세요.

버선본 ⟨1⟩을 쓴 사람은 무술년생이므로 1838년생으로 보인다. 부친은 을축년생인데, 딸의 출생년인 1838년보다 33년 앞인 1805년으로 추정된다. 부친이 만 33살에 낳은 딸인 셈이다. 이 딸이 시집을 가서 친정 부모님께 버선본을 드린 것으로 추정되는데, 계유년 윤5월에 썼다고 하니 1873년에 쓴 글이다. 딸이 35세가 되던 해에 쓴 것이다. 부친의 연세가 이미 회갑을 한참 넘긴 68세일 때이다.

버선본은 상징적이다. 옛날부터 발을 따뜻하게 하는 것이 건강의 비결이요, 오래 살 수 있는 비결로 알려져서 딸이 부모님께 만들어 드린 이 버선본에는 효심이 가득하다.

의식주 생활의 단순한 형태인 버선본에도 한글은 살아 움직이고 있다. 특

히 여성들의 섬세한 감정을 담는 그릇으로 한글이 선택된 것이다. 그 맥은
오늘날에도 계속 우리들 마음의 깊은 곳에 자리 잡고 있을 것이다.

(2) 한글 제문

다음의 한글 제문은 딸이 아버지 중상 때 쓴 제문이다.

한글 제문

한글 제문

유시츠(維歲次) 정유 십이월 정유슥 십육일 임즈는 직 내 아(我) 현고(顯考) 학싱
부군(學生府君) 중상지일야(中喪之一夜)라 전일 석(夕) 신히에 불초 녀식 안동 손
실는 삼가 이 한잔 술과 한 줄 걸노(글로) 직빅통곡(再拜痛哭)ᄒ고 부친 영혼 전

에 올이 가로대 오호(嗚呼)통지며 오호비지라 아버님요 하로이틀(하루이틀) 가

는 시월(歲月) 누구가 막아주며 한히 두히 시월 싸라 늘는(늙는) 사람 누구가 항

거할가 이팔청춘 조흔 시티 팔도강산 명싱(名勝) 츠즈 긔경(求景) 흔 분(번) 못히

보고 두문불출 이 산중에 상시 하솔(下率) 몸이 매여 나주로(낮으로) 깃매기(김매

기)와 밤으로 신삼기 일싱 싱활 지낼실(지내실) 째 ① 실하(膝下)에 팔남매를 앞

히 두고 히히낙낙(喜喜樂樂) 사랑ᄒ시며 사랑ᄒ사 하나갓치 기울실(키우실) 째

매 한태(한대) 안이 치며 구중(꾸중) 한분(한번) 안이시고(않으시고) 일년 삼백육

십일을 ᄒ로갖히 보니시며 고이고이 ᄒ신 말삼 남형직(男兄弟) 대ᄒ야 형우직공

(兄友弟恭=형제가 서로 우애를 다함) 이러시고(이르시고) 녀형직(女兄弟) 대ᄒ야 칠

거지훈(七去之訓)를 시시로 가라치며 명심불망(銘心不忘)하라 ᄒ신 말삼 어직(어

제) 아릭(前日의 방언형) 드른 긋('듯'의 오기) 갓사오나 무정한 긋 시월이라 남녀

간 이십지년(二十之年)에 고문거벌(高門巨閥=부귀한 집) 택치(擇取=취택)하야 남

취녀가(男娶女嫁=남자는 장가들이고 여자는 시집보냄) 츠직(次第=차례)로 성년시키

든니 조물(造物)이 불조(不助)함인가 귀신이 시기함인가 호사다마(好事多魔) 어

인 일고 오호 통지라 아버님요 년수(年數) 불가(不過) 육순여싀에 우연 득병ᄒ야

신음신음 지내실대 호심(孝心)이 지극흔 백남(伯男=큰아들)은 동분서치(東奔西馳

=동분서주와 동일함) 문약(問藥) 구약(求藥)ᄒ대 백약이 모호(無效)로서 성심성역

(誠心誠役) 본이 업고 백남의 월치(오빠의 아내)도 시병탕약(侍病湯藥=간병하는 일

과 약을 끓임) 공노(功勞) 업시 어연간 기나긴 삼년이라 시월을 보낼실 째 불효 녀

식은 가군(家君)이 천리 변방(邊方)에 사오년을 군중(軍中)에 복무ᄒ올 적에 소녀

의 가정을 건심(근심) 걱정ᄒ야 백남을 보내 돌보아 주며 중남(中男=둘째아들, 차

남)도 와서 돌보아 주여시대 그래도 불족(不足)한 싱각으로 사오개월식 한끼 익

기 ᄒ실 적에 그 상심(傷心) 오작ᄒ오릿가(오죽하오리까) 아버님 병중에 기실 시

에 소녀 손소 탕약 흔 텹 못 올이오고 히선진육(海鮮珍肉=생선과 고기)으로 구미

(口味) 한번 몬(못) 도읍고 신식만 기칠 적에 텬(天)야아 지(地)야아 인(人)야아 귀
(鬼)야아 거년(去年) 금일(今日)애 진식(塵世)을 하직ᄒ시고 옥경선대(玉京禪臺)을
향ᄒ신니 실푸고 실푸다 팔남매 호텬고지(呼天叩地=하늘을 부르며 땅을 침) 통곡
한들 일츠 흔 변(番) 쓰나신(떠나신) 후 다시 오신 헌적(흔적) 업사온니 애애통ᄌ
라 아버님요 평싱애 필혼(畢婚= 아들 딸 중에서 맨 마지막으로 시키는 혼인)을 못ᄒ
옵고 ② 육순유구(六旬有九)에 일기를 맛치신니 둘 남동싱은 대성통곡 우름소리
비금주수(飛禽走獸)도 실푸한대 사람으로 어이 보오리가 오호통ᄌ며 오호애ᄌ
라 염구(殮具=염습할 때에 쓰는 기구)를 수습할 ᄌ 소렴(小殮=시체를 옷과 이불로 싸
는 것)을 수습ᄒ옵고 삼일에 대렴(大殮=소렴을 행한 다음 날 송장에게 옷을 거듭 입
히고 이불로 싸서 베로 묶는 것)을 수습ᄒ야 칭가유무(稱家有無=집의 형세에 따라 일
을 알맞게 함)로 초종(初終) 범백(凡百) 양례(兩禮)를 지낼식 발인(發靷) 축독(祝讀)
소리 일월이 무광이요 북소리 둥둥 애홍(哀鴻=슬피 우는 기러기)소리 거(그) 곡조
에 대결(大闕)갓튼 저 집으로 빈 절 갓히 비어 두고 창송(蒼松)은 울울ᄒ고 북풍
은 소실(蕭瑟)한 청산(靑山)으로 어이 갈고 하는 소리 텬지가 캄캄하야 불분지척
(不分咫尺)이라 정신 차려 살피본니 아버님 영가(靈駕= 영혼) 간 곳 업고 청산류
수(靑山流水) 벅나(碧羅=푸른산 푸른 물의 비유) 속에 석남 연기 남아쏘다 오호통
ᄌ라 초우(初虞=장사 지낸 뒤 처음으로 지내는 제사) ᄌ우(再虞) 삼우(三虞)를 맛친
후 ③ 소녀 집을 ᄎᄌ올시 고례(경남 밀양군 단장면 고례리)쌍을 써나 구천(경남 밀
양군 단장면 구천리)마을 드르선니 동리 사람 문위인ᄉ(問慰人事) 저기어기 ᄌᄌ
ᄒ나 가군은 천리 박개서 이른 줄 모러리라 홀홀이 집으로 드르간니 수개월 비
인 집이라 주인을 반기난듯 방문 열고 드르슨니 찬바람이 살을 싹가며(깎으며)
인사ᄒ내 어린 아히 엽히 씌고 설설ᄒ 빈 방안에 혼ᄎ 안ᄌ 가정형편 살피본니
아버님 싱각 가군 싱각 주야 눈물로 일을 삼고 식월로 벗을 삼아 ᄒ로 흔달 보내
든니 텬지의 언득인가 아버님 싱전에 소녀 가군을 주소(晝宵=밤낮)로 걱정ᄒ시

든니 상직(喪制=상중에 있는 사람) 전에 설은(說恩)ᄒ와 신명이 도으심이갸 금년 춘간(春間)에 군복(軍服)을 이별ᄒ고 고향으로 도라온니 한편은 방가우나 아버님을 싱각ᄒ니 서른 마음 드옥 설다 오호오호 애직애직라 식월은 석화류수(石火流水=세월의 빠름을 비유한 말)라 오날 진욱이(저녁이) 직(즉) 거년(去年) 부녀 상대ᄒ온 진욱이라 천리타향 군중에 잇든 가군를 작반(作伴)ᄒ야 아버님을 보오러 불언천리(不遠千里) 왓근만은(왔건만은) 아버님애 가신 길은 다시 옴이 업슴니가 영혼 전에 부처 통곡한들 오고 가멀 모르온니 아버님은 아심니가 모르심이갸 히히한 촉불 아래 올닌 술잔 적적ᄒ고 촉불 눈물만 쓰르지며(떨어지며) 검막 압히 한 줄 서른(서러운) 정곡(情曲=간곡한 정) 식식이 고하오나 아버님 엄성(音聲)은 요요(遙遙=멀고 아득함)하고 바람소리뿐이온니 실푸고 실푸쏘다 아버님은 왓슴니갸 못 왓슴니갸 청풍멍월(淸風明月) 벽나 속에 길을 일으(잃어) 못오신갸 옥경선대 선녀 중에 놀기 조와 못오신갸 서왕모(西王母=선녀의 하나) 요지연(瑤池淵)에 복숭(복숭아) 자시다가 오날 진욱(저녁) 이젓신갸 상산(商山)에 사호(四皓) 만나 바닥(바둑) 두다가 느젓서 못오신갸 염나국(閻羅國)이 어대근대(어디인데) 길이 멀어 못오심이갸 유명(幽明)이 다르오나 헌적(흔적)조ᄎ 업스온니 오면 오신 줄 알며 가면 가신 줄 어이 아리 백마산상(白馬山上) 돗는 달이 둥둥 고개 늠어간이(넘어가니) 동산에 두건조(두견새)는 나의 회포(화포) 도으라고 불여기(不如歸)를 설피 하며 서촌에 계멍성(鷄鳴聲)은 나의 통곡 근치라고(그치라고) 오경(五更=오전 3시에서 5시까지)을 기별ᄒ늬 오호통직라 아버님요 우리 팔남매 지즈지손(至子至孫=아들에서 손자까지) 전전무궁(傳傳無窮=끊임없이 무궁히 전하여짐)ᄒ올튼니(하올테니) 옥경선대 선녀 중에 진식사(盡世事)를 이저시고(잊으시고) 만만식식(萬萬世世) 무궁무궁ᄒ옵소서 오호통직 오호통직 상향(尙饗)

이 한글 제문은 시집간 딸이 아버지가 돌아가셨을 때 쓴 제문이다. 이 제문을 통해 다음과 같은 집안의 사항을 알 수 있다.

① 주인공이 살던 동네는 지금의 경상남도 밀양군 단장면 고례리와 구천리이다. 밀양군의 표충사 가는 계곡을 따라 올라가면 이 딸이 시집간 '고례리'가 있고, 고례리에서 단장천을 따라 약 4km 내려가면 '삼거리'가 나온다. 이곳에서 동쪽으로 올라가면 곧 친정인 '구천리'가 있는데, 이 길을 계속 따라 가면 표충사가 나오는 곳이다. 이 딸은 친정에서 약 10리 떨어진 안동 손씨 집안으로 시집을 간 것이었다.

② 돌아가신 고인의 연세는 69세로 보인다. 이 집안은 모두 8남매이다. 5남 3녀의 8남매를 둔 집안의 부친이 돌아가셨는데, 그때 고인의 연세는 69세였다.

③ 제문을 쓴 딸은 맏딸이다.

한글 제문은 서민들의 삶과 죽음, 그리고 죽음을 대하는 기록들의 심경을 담아낸 아름다운 하나의 서사시라고 할 수 있다. 죽음이나 주검 앞에서 진실해질 수 있어서 그 글에 약간의 과장이 있다고 해도, 사실을 과장했을 뿐이지 거짓말은 없는 것이 한글 제문일 것이다. 그리고 한글 제문을 통해서 그 당시의 한 인물과 그 인물을 중심으로 본 가정의 꾸미지 않은 모습들을 들여다 볼 수 있다.

3) 족보와 한글

다음은 전주 이씨의 세계를 담은 한글 족보이다.

수진본(袖珍本)의 필사본이다. 수진본이란 소매 안에 넣고 다닐 수 있을 정도로 작게 만든 책이어서 그 크기가 매우 작다. 『젼쥬니씨세계』는 그 크기가

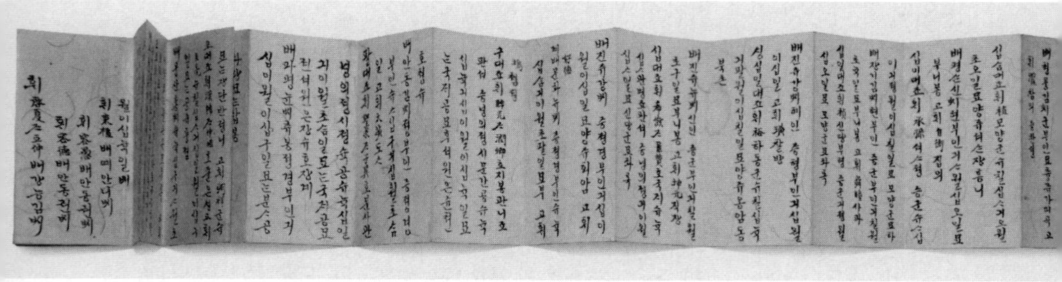

전주 이씨 가승

세로 8.1cm 가로 4.5cm이다. 소매 안에 들어가는 것은 물론 한 손아귀에도 들어갈 수 있는 크기이다. 그리고 절첩본이다. 절첩본이란 종이를 두루마리처럼 이어 붙이고 좌우도 똑같은 크기의 장방형으로 접어 마치 병풍처럼 만들어 그 앞뒷면에 보호용 표지를 붙여 만든 책의 장정법이다. 절첩본은 두루마리처럼 한편으로는 읽으면서 펼쳐 나가고 다 읽은 부분은 말아 두는 번거로움을 없애기 위해 만든 것이다. 그리고 한 면을 다 쓰면 뒷면도 다시 이용할 수 있도록 했다. 그래서 책의 한 부분을 잡고 아래로 내리면 책 전체를 다 볼 수 있게 펼쳐지지만 접으면 금세 책자처럼 되는 장점이 있다. 책을 처음부터 끝까지 보지 않고 중간의 어디든지 찾아볼 수 있도록 만든 것이라서 족보의 어느 부분을 쉽게 찾아가 확인해 볼 수 있다. 그래서 책의 크기는 세로 가로 각각 8.1cm, 4.5cm의 작은 책이지만, 펼치면 그 길이가 139.5cm나 된다. 대부분의 한글 족보는 이처럼 수진본이거나 절첩본이다.

이 『전쥬니씨세계』의 구체적인 내용을 보면 다음 그림과 같다.

『젼쥬니씨세계』〈1〉

『젼쥬니씨세계』〈2〉

『젼쥬니씨세계』마지막

'전주 이씨'는 조선조 왕의 가계이어서 앞에 '선원이씨세계(璿源李氏世系)'라고 한 것이다.

이 한글 족보에 실린 내용을 보면 다음과 같다.

시죠 휘 裶 경녕군 시졔간공 슈뉵십수 긔 구월구일 묘 츕쥬 쥬황금곡

배 형풍김씨 군부인 묘 츕쥬 가미곡 고 휘 灌 참의 증찬셩

십슴대죠 휘 種 모양군 슈 칠십수 긔 오월초오일 묘 양쥬 셔슨 장흥니

배 평슨신씨현부인 긔 수월십오일 묘 부니봉 고휘 自衡 집의

(이하 생략)

각각의 사람에 대하여 그 이름, 자호(字號), 시호(諡號), 생졸(生卒) 연월일, 관직(官職)이나 봉호(封號), 묘소(墓所) 등을 기입하고 있다. 그리고 그 부인을 '배(配)'라고 하여 기록하지만 그 이름은 적지 않고 부친의 이름과 직위만 적는다. 그리고 기일(忌日)과 묘소를 적는다. 이것을 표로 보이면 다음과 같다.

	선조대		이름	호. 직책	시호	수명	기일	묘소	부인의 부친
①	시죠	본인	휘 裶	경녕군 (敬寧君)	시 졔간공 (齊簡公)	슈 뉵십수(64)	긔 구월구일 (9월 9일)	묘 츕쥬 쥬황금곡	
		부인	배 형풍 김씨	군부인 (郡夫人)				묘 츕쥬 가미곡	고 휘 灌 참의 증찬셩
②	십슴대죠	본인	휘 種	모양군 (牟陽君)		슈 칠십수(74)	긔 오월초오일(5월 5일)	묘 양쥬 셔슨 장흥니	
		부인	배 평슨 신씨	현부인 (縣夫人)			긔 수월십오일	묘 부니봉	고 휘 承孫 집의

이 한글 족보에서는 이름만은 한자로 적고 나머지는 한글로 적었다는 특징을 지니고 있다. 이 한글 족보를 통해 우리가 지금까지 가지고 있던 선입견에서 벗어나야 한다. 사대부 집안이나 양반집에서는 한글을 거의 무시하고 사용하지 않았다고 하는데, 발견된 대부분의 한글 족보는 왕족으로부터 사대부의 문중의 족보를 한글로 쓴 것이어서, 그러한 인식이 잘못된 것임을 알 수 있다.

3. 생활과 한글

1) 남성의 생활과 한글

(1) 옹기술병과 문자

여기에는 '술을 대두 한 말'이란 한글이 쓰이어 있다. 술이 대두 한 말로 들어가는 술병이란 뜻이다. 옹기장이도 역시 한글을 잘 알고 있었다는 증거이다.

옹기술병

(2) 담뱃대와 한글

이 담뱃대에 상감(象嵌)으로 새겨 넣은 한글은 '오매'와 '풍진'이란 글자이다. 물부리 부분에는 '오매'를, 담배통 부분에는 '풍진'이란 글자를 넣었다.

'오매'는 한자어 '오매(寤寐)'로 '자나 깨나 언제나'라는 뜻이고, '풍진'은 한자어 '풍진(風塵)'으로 해석되는데, 그 뜻은 '바람에 날리는 티끌'이지만 '세상에서 일어나는 시련'을 의미한다. 그러니 '자나 깨나 늘 이 어지러운 세상'이

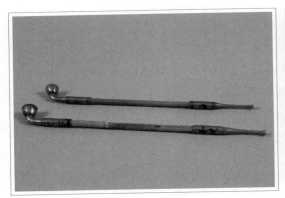

담뱃대   담뱃대의   담뱃대의
              '담배통' 부분   '물부리' 부분

란 의미가 이 담뱃대 속에 들어 있다. 한 세상을 살면서 덧없는 인생을 생각하며 장죽을 물고 그윽한 명상에 잠긴 어느 노인을 연상할 수 있어서 새삼 경건해지기도 한다.

2) 여성의 생활과 한글

(1) 다듬잇돌

다듬잇돌 〈1〉에는 앞면에 한글로 '수복강녕'이라는 글자가 있다. 한자어인 '수복강녕(壽福康寧)'을 '수(壽, 오래 삶)', '복(福, 복을 누림)', '강(康, 건강함)', '녕(寧, 편안함)'을 기원하며 새겨 넣은 것이다.

이 문구에서 옛날 여성들이 늘 바라던 것이 무엇인지를 알 수 있다. 장수하고 행복하고 건강하고 편안한 것이 그들의 평범한 바람이었던 것이다.

여성들이 쓰던 다듬잇돌에 새긴 글자는 대개 두 종류의 한문구이다. '수복강녕'이 새겨진 것과 '부귀다남(富貴多男)'이 새겨진 것이다.

'부귀다남'이나 '수복강녕'은 우리 문화재에서는 흔히 발견되는 문구이다.

160

다듬잇돌 〈1〉

다듬잇돌 〈2〉

베갯모나 베갯잇에서도 흔히 발견되고, 심지어 여성들이 쓰는 실패에서도 볼 수 있으며 밥그릇에도 돌려가며 이 글자들이 쓰이어 있기도 하다.

다듬잇돌 〈2〉는 아주 최근(일제강점기 이후)에 만들어진 것으로 보인다. 왜냐 하면 돌에 새겨진 여자의 이름이 '최영애'인데 그러한 여성 이름은 이전 시기에는 볼 수 없는 것이기 때문이다.

이러한 다듬잇돌에 한글을 새긴 것을, 이것을 이용하는 여성들이 직접 새긴 것으로 보아야 할까? 그렇지 않을 것이다. 오늘날 돌로 조각을 하는 사람들 중에는 여성도 많지만, 옛날에 여염집 아낙네가 직접 돌을 쪼아 조각하기는 쉽지 않았을 것이다. 남성들이 새긴 것일 텐데, 여성들이 원하는 내용들을 썼을 가능성이 높다.

(2) 시루와 한글

떡이나 쌀 등을 찌는 데 쓰는 둥근 질그릇으로 그 모양이 자배기와 비슷하고 바닥에 구멍이 여럿 뚫려 있는 것이 시루다. 옹기로 만든 시루 중에 한글이 쓰인 것이 있다. 다음에 보이는 그림이 오지시루인데, 크기가 위의 지름이 66cm, 둘레가 220cm, 아래의 둘레가 172cm이고 높이는 50cm이다.

옆에서 본 시루

이 시루의 윗면과 중간 부분, 그리고 손잡이 부분에 한글이 쓰이어 있다. 그 부분들을 확대하여 보이면 다음과 같다.

우선 여기에 쓰인 한글을 해독하면 다음과 같다.

① 가로로 쓰인 내용

당연의 치부ㅎ고 귀ㅎ자을 싱ㅎ압이다

그 해에 부자가 되고 귀한 자식을 낳습니다

② 세로로 쓰인 내용

갈썩을 이 시루에다 썩을 져면 썩이 잘 익음이다

갈떡을 이 시루에다 찌면 떡이 잘 익습니다

③ 손잡이에 쓰인 내용

도자리(오지시루를 만든 마을 이름이거나 도자기를 굽기 이전에 흙으로 빚어 놓은 상
태의 그릇을 뜻하는 것으로 보임)

결국 여기에 쓰인 글은 이 시루가 좋은 시루임을 알리기 위해 시루를 만
든 도공이 한글로 써 넣은 것으로 보인다.

이 시루에 떡을 찌면 잘 익고, 떡을 쪄서 먹으면 그 해에 단박 부자가 되고
귀한 자식을 낳을 것이라고 써 놓은 것이다. 여기에 쓰인 한글은 그 획이 시
원시원하여서 보기도 무척 좋다.

이 시루는 앞의 옹기술병과 마찬가지로 옹기를 굽는 사람들도 한글을 자
유자재로 사용하고 있었음을 보여 준다. 말하는 대로 그대로 표기함으로써
보이지 않는 표기규범을 지키던 사대부들의 표기법과는 다른 모습을 보여
주고 있어서 오히려 그 당시 국어의 생생한 모습을 볼 수 있는 귀중한 자료
들이라고 할 수 있다.

(3) 실패와 한글

실패

실패의 확대 부분

갑신 시월 초팔일 여필연이라

이 실패에는 '여필연'이라는 이름이 새겨져 있어서 우리의 주목을 끈다. 왜냐하면 과거 여성의 이름은 호적이나 족보에도 잘 나타나지 않고 호칭에서도 잘 보이지 않기 때문이다. 고소설의 여주인공 정도만 그 이름이 분명히 나타날 뿐이다. '춘향, 심청, 장화, 홍련' 등이 그러하다. 그러나 다른 곳에서는 여성의 이름이 명확히 드러나지 않는다. '언년이'라던가 '○○댁' 등이 흔히 들을 수 있는 이름이었다. 그런데 이 실패에는 '여필연'이라는 이름을 분명히 새겨 놓고 있다.

이러한 점으로 보아 이 실패는 여성이 직접 만든 것으로 추정된다. 이것은 이 실패의 조각이 섬세한 점에서도 알 수 있다. 여성의 예술성을 볼 수 있는 중요한 자료라고 할 수 있다. 갑신년이니 나무의 재질이나 상태, 그리고 여기에 쓰인 한글의 글자를 보아 최소한 1884년이거나 빠르면 1824년에 만든 것으로 보인다. 이응(ㅇ) 자를 'ㅿ'으로 쓴 것도 이 시기에 나온 방각본 소설에서 흔히 볼 수 있는 한글 서체이어서 이 실패를 만든 시기를 가늠해 볼 수 있다.

(4) 한글 의양단자

의양(衣樣)이란 옷의 모양이란 뜻인데, 옷의 치수를 말한다. 단자(單子)는 부조나 선물 등의 내용을 적은 문서를 말하므로, 의양단자는 의복의 치수를 적어 놓은 문서를 말한다. 사주단자와 택일단자에서는 한글이 쓰인 적이 없는 것으로 보인다. 그러나 의양단자는 대부분이 한글로 쓰인다. 의양단자가 주로 한글로 쓰이는 이유는 이 의복을 지을 사람이 부녀자이기 때문일 것으로 생각된다. 한자로 써서 잘못 해독되었을 때를 감안하였을 것이다.

혼인식 날짜가 정해지면 신랑집에서 신부집으로 혼인식에서 입을 신랑의 도포 치수를 적어 보낸다. 이때 신랑집에서 신부집으로 보내는 옷의 치수를 적은 문서가 곧 의양단자이다. 줄여서 '의양'이라고 한다.

의양단자 〈1〉은 봉피가 있는 것이다. 봉피에는 위에 '의양'이라고 썼고 아래에는 '근봉'이란 글자가 쓰이어 있다. 즉 '삼가 봉함'이란 뜻으로 편지 겉봉에 쓰는 투식이다.

그 내용은 다음과 같다.

도포 긔리 지어 두 ㅈ 세 치 넉넉
압품 다섯 닷 분
뒤품 지어 한 ㅈ 넉넉

권동 다섯 치

압귓 지어 네 치 넉넉

ᄉ마 광 지어 아홉 치

ᄉ마 긔리 지어 한 ᄌ 닷 분

己丑 十一月 十五日 朴 [手決]

尺樣

자의 눈

이 내용을 현대어로 바꾸어 보면 다음과 같다.

도포 길이 지어서 2자 3치 넉넉하게

앞품 다섯 닷 푼

뒤품 지어서 1자 넉넉하게

봉피(27.6 × 7cm)

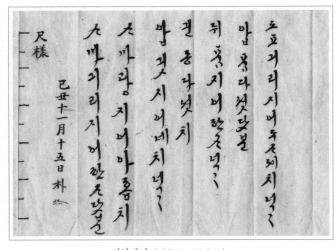

의양단자 〈1〉(27 × 39.5cm)

진동 5치

앞깃 지어서 4치 넉넉하게

소매 넓이 지어서 9치

소매 길이 지어서 1자 5푼

이 의양은 '기축년'이란 기록으로 보아 1889년에 쓰인 것으로 추정된다. 신랑이 입을 도포의 치수를 적은 것인데 길이, 앞품(윗옷의 앞자락의 너비), 뒤품(윗옷에서 양쪽 겨드랑이를 기준으로 하여 닿는 부분의 너비), 진동(소매의 겨드랑이 밑의 넓이, 즉 소매에서 깃과 닿는 부분의 폭이나 너비), 앞깃(앞으로 여미게 된 깃), 소매 너비, 소매 길이 등의 치수를 적었다. 이 옷의 수치를 가지면 충분히 도포를 지을 수 있도록 적은 셈이다.

이 중에서 '지어'라고 쓴 것은 옷을 지었을 때의 크기를 말하기 위한 것으로 보인다. 옷감을 재단할 때의 크기가 아니라 옷을 지었을 때의 크기를 말하기 위해 '지어'라는 문구를 넣은 것으로 해석된다. 한문본 의양에서도 '작(作)' 자를 써서 표시하고 한글본에서는 '지어'란 표현을 쓰고 있다.

이 문서에서 '넉넉'이라고 쓴 것은 신부의 집에서 신랑의 도포를 만들 때에는 정확하게 만드는 것이 아니라, 대강 '몇 자 몇 치'에다가 '넉넉'이란 표현을 하여서 여유를 두어 융통성 있는 한복을 제작하는 여유를 보인 것이다. 도포이니까 그렇게 넉넉하게 지어도 별 문제가 없을 것이다.

그리고 흥미로운 점은 자(尺)를 그려 놓은 것이다. 길고 짧은 선을 그어서 구분하였는데, 긴 선과 긴 선의 길이가 곧 한 치일 것이고 짧은 선과 긴 선의 길이가 곧 한 푼일 것이다. 위의 의양에서는 5치를 그려 넣은 것이지만, 현대의 수치와는 맞는 것 같지 않다. 현대 도량형에 의하면 1자가 30.30303cm이니 한 치는 3.030303cm이다. 그러나 이 의양단자의 그림에서는 4.3cm가

의양단자 〈2〉

한 치로 되어 있고 2.2cm가 한 푼으로 그려져 있다. 다른 의양에 그려져 있
는 치수와 비교해도 그 길이는 제각각이어서 단지 의양단자의 형식에 지나
지 않을 것으로 판단된다.

의양단자 〈1〉에는 '척양(尺樣)'이라 하여 자를 그려 놓고 있고 의양단자
〈2〉에서는 '척양오촌(尺樣五寸)'이라고 하고 자를 그려 넣었다.

이도 결국 혼인식에서 신랑이 입고 신어야 할 옷과 버선의 치수를 적어
보낸 것이다.

3) 식생활과 한글

(1) 목판

이 목판의 밑부분에는 한글로 다음과 같은 글이 쓰이어 있다(띄어쓰기는 필
자가 한 것임).

여러 손에 조심하여 쓰렷다

계축 사월초팔일

이목 연일덕

간곳마다 죽전

잔모판 이십일 기

즁모판 일 기

수결

이것을 풀이하면 다음과 같다.

여러 손님들께 조심하여 쓰도록 해라(다짐을 하는 뜻).

계축년 사월 초팔일

이목 연일댁

간곳('곳간'의 잘못?)마다 죽전(뜻은 불명)

잔 모판 21개

중 모판 1개

수결

계축년이니 1853년이거나 1913년에 쓰인 것으로 추정된다. '쓰렷다'는 '네가 네 죄를 알렷다'의 '-렷다'란 표현과 같은 것이어서 이 표현으로 보아서는 1853년으로 볼 수 있지만, '조심ㅎ여'를 '조심하여'로 쓴 표기법이나 'ㅈ'을 모두 3획이 아닌 2획으로 쓴 한글 서체로 보아서는 1913년으로 생각된다. 'ㅈ'이 필사본에서 모두 2획으로 쓰이는 현상은 대체로 19세기 말부터이기 때문이다.

'이목 연일틱'이란 '이목리'에 사는 '연일댁'으로 풀이되는데, '이목리'라는 동네는 남한에만 11곳이 있다. '연일틱'이란 '연일'에서 시집온 부인의 집을 뜻하는데, '연일'이란 지역은 경북 포항의 '연일읍'밖에 없다. 아무래도 그 지역 부근에서 혼인을 했을 것이니, '포항'과 연관이 있는 지역은 '경북 문경'의 '영순면 이목리'가 가장 비슷할 것이다.

목판에 쓰인 이 글은 추정컨대 경상북도 문경의 이목리에 있는 연일댁의 곳간의 장부 역할을 한 것으로 보인다. 한 집안의 그릇을 일일이 다 내어놓고 쓰는 것이 아니라 곳간에 쌓아 두었다가 명절 때, 또는 행사가 있어서 손님이 왔을 때 곳간에서 내어놓고 쓰는 것이라서, 치부책(置簿冊)에 물건의 목록을 적어 놓고 일일이 확인하는 것보다는 그릇에 직접 써 놓는 것이 한결 더 편할 것이다. 그래서 그릇마다 쉽게 정리하기 위해 이러한 글을 써 놓은 것일 것이다. 다음에 보이는 '소반'도 마찬가지이다.

(2) 소반

그 내용은 다음과 같다.

뎡유 ㅈ경뎐 고간
이뉴이 빵

개다리소반(국립중앙박물관 소장)

한글 부분을 확대한 것

이것을 풀이하면 다음과 같다.

정유년 자경전(慈慶殿) 곳간(庫間)
이뉴이 쌍

'정유년에 자경전 곳간에 있는 이뉴이 쌍'이란 뜻이다. 이 중에서 '이뉴이 빵'은 '이뉴 이빵', 즉 '이뉴 2쌍'으로 해석된다. 정유년은 1897년이다. 그 뒤에 오는 '자경전'과 연관되어서 쉽게 알 수 있다. 자경전(慈慶殿)은 경복궁 내에 있는 건물이다. 현재 보물 제809호로 지정되어 있는 매우 아름다운 건물이다. 익종(翼宗)의 비로, 고종의 양모가 된 신정왕후(神貞王后)가 지내던 곳인데, 신정왕후는 오히려 조대비(趙大妃)로 더 잘 알려져 있다. 불에 타서 1888

년에 중건하였기 때문에, 정유년은 1897년으로 추정된다.

(3) 제기 사발

'제기(祭器)'란 제사에 쓰는 그릇이다. 이 제기사발의 밑바닥에 다음과 같은 글이 있다.

무신 슈강직 고간 되듕쇼 이십

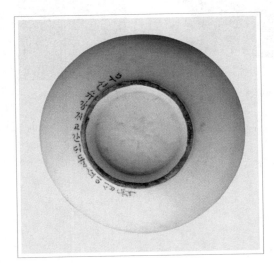

백자제기 사발, 지름 16cm
(국립중앙박물관 소장)

여기에 보이는 '슈강직'는 오늘날의 창덕궁에 있는 '수강재(壽康齋)'를 말한다. 이 수강재는 정조 9년(1785년)에 지은 것인데, 원래 단종이 머물렀던 '수강궁(壽康宮)' 자리에 세웠기 때문에 이러한 이름이 붙여진 곳이다. 사진은 이곳에서 사용하였던 그릇 중 제기용 사발인데, '무신년'에 만들었으니 1788년, 1848년, 1908년 중의 하나일 것으로 보인다. '되듕쇼'가 '되즁쇼'로 쓰이지 않은 것으로 보아서는 1788년으로 추정할 수 있지만, '강'이란 글자의 'ㄱ'

세로획의 끝부분이 왼쪽으로 약간 구부러졌고, '저'의 'ㅈ'이 3획이 아닌 2획으로 되어 있는 한글 서체로 보아서는 1848년에 만든 것이 거의 틀림없다. 이 수강재의 곳간에 있는 큰 것, 중간 것, 작은 것을 합쳐 모두 20죽이라고 했으니, 한 죽이 10개를 말하는 것이어서 모두 200개인 셈이다.

(4) 분청사기

최근에 한글이 새겨진 분청사기가 발견되어 우리의 관심을 끌고 있다. 다음에 소개하는 분청사기 조각은 부산시 기장군 정관읍에 있는 정관박물관 소장품인데, 『2015 정관박물관 특별기획전 기장도자』(2015년 한길기획)의 도록에 수록되어 있는 것이다.

아래 그림 중 오른쪽 그림은 분청사기 조각이 어느 부분에 해당하는 것인지를 추정한 그림인데, 역시 그 도록에 소개되어 있는 그대로 전재한 것이다.

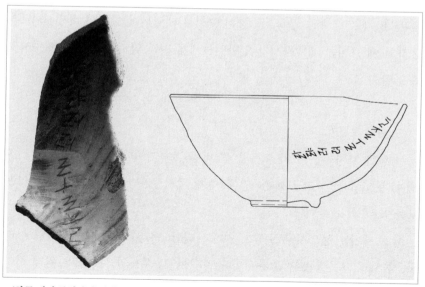

〈한글 새김 분청사기 대접 편〉　　　　　　　〈분청사기 추정도〉

이 분청사기 조각에는 '라랴러려로료루'란 글씨가 또렷하다. 부산시 기장군 하장안 명례리 가마터에서 출토된 것으로 백토 분장 위에 음각으로 글씨를 새겨 넣은 것이다.

분청사기는 대체로 15, 16세기의 약 200여 년간 제작된 것으로 알려져 있으므로 이 한글이 쓰인 분청사기 조각도 15, 16세기 사이에 제작되었을 것으로 추정된다.

이것으로 보아 다음과 같은 사실들을 알 수 있다.

15, 16세기에 이미 사기를 굽는 하층민들에게도 한글이 보급되어 있었다. 지금까지 훈민정음 창제 이후에 서민들에게 훈민정음이 알려져 있었다는 사실은 16세기에 쓰인 충북 청주 북일면 외남리에서 발견된 '순천 김씨 묘 출토 언간'을 통해서 알 수 있었는데, 이 분청사기 자료로 그것을 다시 확인할 수 있다. 또한 서울이 아닌 지방, 특히 남부 지방까지 한글이 보급되어 있었음을 알 수 있다. 뿐만 아니라 이 시기의 자모 배열순서도 알 수 있다. 모음은 'ㅏ, ㅑ, ㅓ, ㅕ, ㅗ, ㅛ, ㅜ' 등의 순서로 배열되어 있어서 최세진의 『훈몽자회』에 보이는 배열순서가 일반인들에게 널리 알려져 있던 배열순서였음을 알 수 있다.

(5) 한글 보자기

이 한글 보자기는 사리 그릇을 싼 비단 보자기이다. 봉인사(奉印寺) 세존(世尊) 부도(浮屠) 사리구(舍利具)인데, 현재 국립중앙박물관에 소장되어 있는 보물 928호의 유물이다.

이 보자기는 봉인사 부도암(浮屠庵) 사리탑(舍利塔) 내에 봉안되었던 사리구, 즉 사리 그릇을 쌌던 보자기이다. 이 봉인사 부도암 사리탑은 원래 경기도 남양주시 진건읍 송릉리에 있던 것인데, 1927년 일제강점기 때 일본으로 밀반출되어 고베(神戸)로 반출되고, 그 뒤 오사카(大阪) 시립미술관에 전시되어 있다가 1987년 2월에 되찾아 와 이전의 국립중앙박물관 앞뜰에 세워 놓았었다. 지금은 용산의 국립중앙박물관으로 이전하여서 야외에서는 볼 수 없다. 보물 928호로 지정되어 있다.

이 사리구는 광해군 때 왕실에서 세운 봉인사 석가세존 부도의 사리구인데, 이 안에서는 감색 비단 보자기로 싸인 8종의 사리기가 발견되었다. 이 중의 하나인 은합(銀盒)의 뚜껑에는 용무늬가 새겨져 있고, 밑바닥에 1620년(광해군 12년)에 세자의 만수무강을 위해 만들었다는 글귀가 점선으로 새

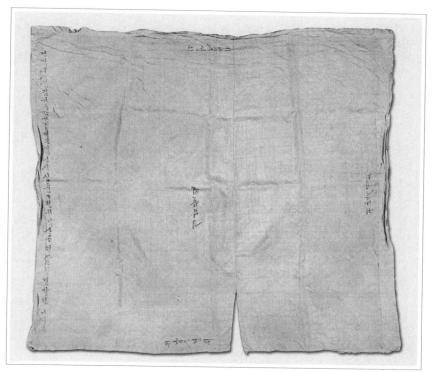

사리 그릇을 싼 비단 보자기(국립중앙박물관 소장)

보자기 왼쪽

보자기 위쪽

보자기 오른쪽

보자기 아래쪽

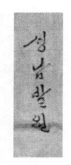

보자기 가운데

겨져 있어서, 이 보자기가 1620년에 만들어졌음을 알수 있다.

이 감색 비단 보자기에는 다섯 곳에 한글이 쓰이어 있다. 4면의 끝부분과 중앙에 쓰이어 있다. 각 글자를 확대한 부분들을 보이면 다음과 같다.

왼쪽: 건명 을ᄉ성 김규홍 곤명 계묘성 민시 심듕 조원 귀남ᄌ 축원 자손 창셩 발원 거젼 등
오른쪽: 귀남ᄌ 셩춰
위쪽: 귀남ᄌ 셩춰
아래쪽: 귀남ᄌ 셩춰
가운데: 싱남 발원

이 내용들은 아직 파악되지 않은 부분이 있지만, 대체로 다음과 같이 해독된다.

176

왼쪽: 건명(乾命) 을사생(乙巳生) 김규홍[人名] 곤명(坤命) 계묘생(癸卯生) 민시(閔氏) 심듕[人名] 조원(助援?) 귀남자(貴男子) 축원(祝願) 자손창성(子孫昌盛) 발원(發願) 거전등(불명)

오른쪽: 귀남자 성취(貴男子 成就)

위쪽: 귀남자 성취(貴男子 成就)

아래쪽: 귀남자 성취(貴男子 成就)

가운데: 싱남 발원 (生男 發願)

건명(乾命)과 곤명(坤命)은 불교용어로 축원문에서 각각 '남자'와 '여자'를 지칭할 때 쓰는 말이다. 그리고 남자는 을사생인데, '을사생'은 김규홍이 출생한 해로서 1605년이다. 그래서 이 보자기가 만들어졌을 때, 김규홍의 나이는 만 15세이고, 여자인 민씨(아마도 그 이름은 '심듕'으로 보이지만 정확하지 않다)는 계묘생으로 남자보다 2살 위이다. 이 두 사람이 귀남자를 낳고, 자손이 창성(昌盛)하기를 축원하고, 거전등(미상)을 발원하는 내용이다.

(6) 해주 항아리

항아리 중에 황해도 해주 지역에서 주로 만들어 썼던 항아리가 있는데, 이를 해주 항아리라고 한다. 해주 항아리는 사기로 구운 것인데, 하얀 바탕에 물고기나 모란꽃 무늬, 국화 무늬 등을 수놓아 청화백자를 만드는 기법으로 만든다. 이 해주 항아리에는 한글이 쓰인 것이 많은데, 이것은 아마도 그 제작 연대가 후대이기 때문이거나, 황해도 해주에서는 항아리를 만들면서 그 표면에 한글로 글을 쓰는 것이 한때 유행했기 때문이 아닐까 하는 추정을 해 본다.

그 내용은 다음과 같다.

해주 항아리
(높이 28cm, 지름 위 14.5cm,
아래 13cm, 몸통 둘레 93cm)

여지기 김광근
면청셰이 심마동
공사문 산슈

　'김광근, 심마동, 공사문'은 사람 이름 같은데, 나머지의 '여지기, 면청셰
이, 산슈'는 알 수 없는 글귀이다. 이 해주 항아리를 구우면서 각자 담당했
던 일들을 적은 것으로 추정되지만, '여지기, 면청셰이'가 무슨 뜻인지 알 수
없다. '산슈'는 '산수(山水)'로 해석되어 이 항아리에 그림을 그린 것을 뜻하는
것으로 보인다.

　(7) 떡살
　떡을 눌러서 여러 가지 무늬를 찍어 내는 판이 떡살이다. 나무로 만든 떡살

에는 앞면과 뒷면에 각각 한글로, '살판'과 '아 살판, 병진'이란 한글이 보인다.

　'살판'은 '떡살판'을 말하는 것으로 보인다. 이전에는 '떡살'을 '살판'이라고 도 했음을 알 수 있다. '다식'을 박아 내는 틀을 '다식판'이라고 했듯이 '떡살' 을 만드는 틀을 '떡살판', 또는 '살판'이라고 했던 것으로 보인다. 이것을 만 든 해가 병진년인데, 늦어도 1916년으로 보인다. 그 이전이라면 60년 앞인 1856년일 것이다. '살판'이라는 글자의 위에 보이는 '아'는 무엇을 새기다가 만 것 같은데 짐작하기 어렵다.

　이 떡살은 주로 나무로 만들기도 하지만 가끔 사기로 만들기도 한다. 아 래 사진은 일제강점기에 상업용으로 만들어서 판매했던 떡살로 보인다. 이

떡살 앞면　　　　　　　　떡살 뒷면　　　　　　　사기 떡살
(가로 세로 각각 6.5cm, 높이 3.5cm)

무늬 자체가 한글로 되어 있어서 오늘날 소위 한글 디자인의 초기 형태를 보는 듯하다.

음각으로 '조령공장'이란 한글이 새겨져 있음을 알 수 있다. 한자 전서체를 닮은 한글 전서체로 썼다. 이 사기 떡살을 만든 공장 이름으로 보인다.

4) 주생활과 한글

(1) 한글 기와

수막새에도 한글이 새겨져 있는데, 아마도 기와를 구운 곳의 지명을 써놓은 것으로 해석된다. '평양, 산봉' 등의 내용이 보인다.

기와 중에서 가장 흔한 것이 암키와와 수키와이다. 수키와는 기와 중에서

수막새 〈1〉

수막새 〈2〉   수막새 〈3〉

위로 올라간 부분의 기와이고 암키와는 아래로 내려간 부분의 기와이다. 그런데 처마 끝에 놓이는 암키와와 수키와의 끝부분은 다른 수키와나 암키와와는 달라서, 각종 무늬나 글씨를 새긴다. 그 끝부분에 놓이는 기와를 막새기와라고 하는데, 암키와의 막새기와를 암막새, 수키와의 막새기와를 수막새라고 한다.

여기에 보이는 기와들은 모두 수막새인데, 그 수막새에 한글이 쓰이어 있다. 아마도 그 기와를 만든 곳이거나, 그 기와를 만든 사람 이름을 표시한 것일 텐데, 수막새 〈1〉에는 '평양', 수막새 〈2〉에는 '산봉', 그리고 수막새 〈3〉에는 '김기준'이란 사람 이름이 새겨져 있다. '평양'과 '산봉'은 지명이다.

5) 놀이문화와 한글

(1) 윷판

우리 선조들의 전통적인 놀이 중에 '윷놀이'가 있다. 윷놀이할 때 쓸 윷판은 한 번 그려서 쓰고 버리는 경우와 한 번 만들어서 내내 사용하는 두 가지가 있다. 나무나 돌에 윷판을 음각으로 새겨 놓은 것은 후자의 경우이고 1회용으로 쓰는 것은 대부분 종이에 그려 놓은 것이다. 고누 놀이판은 돌 위에 새겨 놓은 것이 많으나, 윷판은 돌에 새겨 놓은 것이 극히 드물다. 바위나 나무에 새겨 놓은 윷판은 그 자리 이름인 '도, 개, 걸, 윷, 모' 등의 이름이 보이지 않는데, 종이에 그려 놓은 윷판에는 그 자리의 이름이 한글로 적혀 있는 경우가 간혹 보인다. 그 자리 이름이 고유어이어서 한자로 쓴 윷판은 없을 것이다. 그러나 종이에 그려 놓은 윷판은 대부분이 소실되어 남아 있지 않은 형편이다. 다음에 보이는 종이 윷판은 폐지 조각들을 쌓아 놓은 골동품상의 창고에 접혀 있던 것을 필자가 찾아낸 것이다.

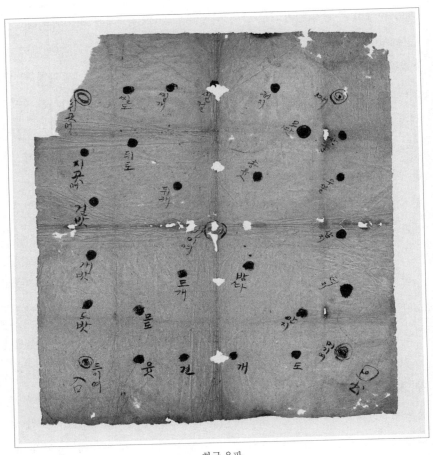

한글 윷판

　여기에는 통상적으로 알고 있는 윷판과 차이가 있는 자리의 이름이 보인다. '입구(入口)'로부터 '회출(回出)'이라고 되어 있는 방향이 우리가 지금 쓰고 있는 윷판과 반대이며, 그 이름도 사뭇 다르다. 29개의 자리 하나하나에 그 이름이 적혀 있는데, 그 예를 전부 들면 다음과 같다.

182

도, 개, 걸, 윷, 드이여

도밧, 개밧, 걸밧, 지곳여, 뒤곳여

씰도, 씰개, 씰걸, 허지, 쌔

한쌀, 두쌀, 삼지, 턱지, 머지여

안지, 밤짜, 방이여, 뒤캐, 뒤토

모개, 모도, 모짠, 송웃

이 이름들이 왜 이러한 이름으로 쓰이게 되었는지, 그리고 그 의미가 무엇인지는 알 수가 없다. '드이여, 지곳여, 뒤곳여'의 '여'가 무엇인지, '삼지, 덕지, 안지'의 '지'는 무엇이며, '밤짜'는 무슨 의미인지 알 수가 없다.

여하튼 우리의 전통적인 놀이에 쓰이는 윷판에 한글로 그 자리의 이름이 적혀 있는 것은 우리 선조들이 놀이 중에도 한글을 사용하면서 유유자적할 수 있었음을 보여 주는 것이라고 할 수 있다.

(2) 승경도

우리의 전통놀이 중에 주로 어린이들이 놀던 것으로 승경도(陞卿圖) 놀이가 있다. 이 승경도 놀이를 위한 승경도는 한 장의 커다란 종이에 관직명이 적혀 있는 그림이라서 종경도(從卿圖), 승정도(陞政圖), 종정도(從政圖)라고도 하는데, 모두 '벼슬살이하는 그림'이란 뜻이다.

전지 크기의 종이에 대개 약 300여 개의 상하로 긴 직사각형이 그려져 있고, 그 직사각형 안에 관직명이 빼곡히 적혀 있다. 작은 그림에는 관직명 중에서 중요한 관직명만을 적어서 줄여 놓은 것도 있다. 그래도 맨 위의 꼭대기 벼슬은 '임금'이나 '왕'이 되는 일은 없고 대개 최고의 벼슬은 '정1품'이다. 그 아래에 '종1품' 벼슬을 적는 순이어서 최고의 벼슬길은 '정1품'이 마지막인 셈이다.

서민들이야 그러한 벼슬길에 오르기 힘들어서, 그들에게 신분상승은 그림의 떡이었을 것이다. 주로 양반집 어린이들에게 관직명과 그 관직의 품계 등을 익히게 하기 위해 만든 놀이인 셈이다. 한자로 표기된 것도 많지만, 어린이들이 노는 놀이여서 한글로 표기된 것도 상당수 전한다. 시대에 따라 관직명은 바뀌어서, 승경도를 보면 어느 시기에 만들어졌는지도 짐작할 수 있다.

성현(成俔)이 쓴 『용재총화』에 이 놀이는 하륜(河崙)이 창안하였다고 하고 있어서 그 역사가 꽤나 오랜 것으로 생각된다. 하륜은 고려 말 조선 전기의 문신이기 때문이다.

두 편으로 나누어 말, 즉 윤목(輪木)을 굴려서 숫자가 나오면 관직을 뛰어넘어 정1품 벼슬까지 빨리 올라가는 편이 이기는 놀이다. 이 승경도 놀이는 6·25 한국전쟁 이후에도 유행했던 것으로 생각된다. 한글 승경도〈2〉와 같은 승경도가 있어서 그러한 결론을 내릴 수 있다.

이 승경도는 왼쪽 아래에 '檀紀 四二八五年 一月 二十五日, 陰 壬辰年 正月 一日'이라는 기록이 있어서 1952년에 만든 것임을 알 수 있다. 그리고 하단 중앙에 '조국통일 성업완수(祖國統一 聖業完遂)'라는 한자로 쓴 글이 있고, 그 위에 '장사, 면장, 학생, 군인'의 직업도 있으며, 맨 꼭대기에 '대통령'까지 있어서, 옛날의 승경도와는 많이 다른 것을 알 수 있다. '대통령'의 오른쪽으로는 '부통령, 국회의장, 국회부의장, 문교부장관, 교통부장관'이 있고 왼쪽에는 '국무총리, 국방장관, 내무장관, 외무장관, 특사'가 있다. 그 하단에는 군대의 계급이 사단장으로, 그 아래에는 대장, 중장 등이, 그 아래에는 소령, 중령, 대령, 소위, 중위, 대위 등의 영관급과 위관급이 있어서 한국전쟁 후의 군인들의 위상이 높아진 것을 볼 수 있다. 그 아래에 대학교 등

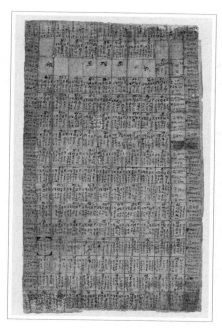

한글 승경도 〈1〉

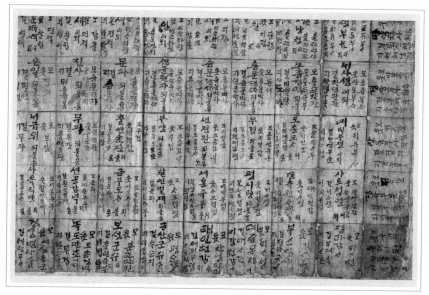

한글 승경도 〈1〉의 부분 확대

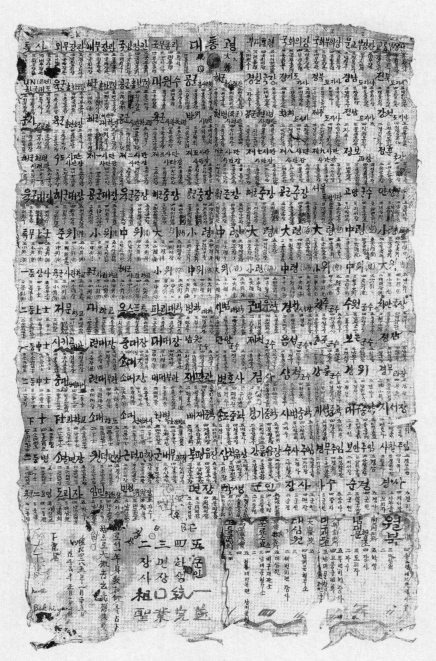

한글 승경도 〈2〉

이 있고, 중학도 배재중학, 송도중학 등이 있어서 그 당시의 인식을 잘 알 수 있게 해 준다.

이 승경도는 사람들의 신분상승에 대한 희구가 얼마나 강했는가를 잘 보여 주는 놀잇감이라고 할 수 있다.

(3) 오행점 윷

윷점을 칠 때 사용하는 윷은 일반 윷과는 전혀 다른 모습이다. 길이가 일반 윷과는 달리 짧고, 윷가락도 4개가 아니라 5개이다. 윷의 판판한 바닥에 한글로 오행에 해당하는 '금, 목, 수, 화, 토'를 음각으로 새겨 넣었다.

이 한글 오행점 윷은 모양으로도 일반 윷과는 다르다. 길이가 일반 윷보다 훨씬 짧다.

오행점 윷 〈1〉은 가로가 2.5cm이고 세로가 2.2cm이다. 그리고 높이는 1.3cm이니, 둥근 나무를 반보다 조금 더 길게 자른 것이다. 대추나무로 만들었다.

오행점 윷 〈2〉는 위의 것보다는 납작한 것인데, 가로가 2.7cm이고 세로가 1.7cm이다. 그리고 높이는 0.8cm이어서 둥근 나무를 반보다 조금 작게

오행점 윷 〈1〉

오행점 윷 〈2〉

깎아서 만든 것이다. 이 나무의 재질은 복숭아나무이다.

한글 오행점 윷으로 점을 치는 방법은 다음과 같다.

먼저 이 오행점 윷을 손 안에 쥐고 주문을 세 번 외운다. 그 주문 내용은 다음과 같다.

> 츅왈 텬하언지면 디하언지시리요 고지즉응ᄒ나 니감이 슌통ᄒ소서 금유 모부 모방 모동 거ᄒᄂ 성명 보셔신이오 모년 모월 모일에 금년 신슈 길흉을 미릉상 지ᄒ오니 복걸신명은 불비소시ᄒ소서

대충 그 뜻을 보면 '하늘의 말씀이 있으면 땅에도 말씀이 있으리오. 감응하시면 순통하시오. 지금 아무 곳에 사는 아무개 모년 모월 모일생이 점을 치니 신명께서는 거역지 마시고 잘 점지해 주십시오'란 뜻이다. 주문을 외운 후에 한글 오행점 윷을 땅에 던져서 나타난 오행 글자를 보고 점괘를 얻어 그 점괘에 해당하는 점사를 읽어서 점을 치는 것이다.

예를 들어서 오행점 윷 다섯 개가 모두 젖혀져서 '금, 목, 수, 화, 토'가 되면 그 점사는 '긔린과 봉황이 상서를 드리고 룡과 거복이 경사를 하례ᄒ니 지양은 가고 복녹이 오리로다'(기린과 봉황이 상서를 드리고 용과 거북이 경사를 축하하여 예를 드리니 재앙은 가고 복록이 오리로다)란 괘가 나와 이를 '상괘'라 하고 그 아래에 '희왈 다삿 별이 밝으믹 ᄒ날이 광치 나고 ᄉ름이 이 쾌을 만나믹 ᄌ손이 창성ᄒ고 영화를 기리 누리이라'(다섯 별이 밝으매 하늘이 광채가 나고 사람이 이 괘를 만나매 자손이 창성하고 영화를 길이 누리리라)란 해석이 나오게 된다.

만약에 '화' 하나만 뒤집어 나오고 다른 윷가락들은 모두 엎어지면 그 괘는 '화'괘로서, '남방에 불이 나니 불꽃을 당치 못ᄒ난도다 송ᄉᄂ 문전에 걸니고 지양이 만토다'(남방에 불이 나니 불꽃을 당하지 못하는도다. 송사는 문전에 걸리

 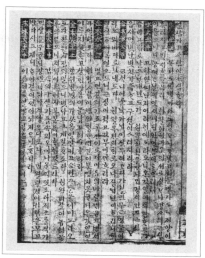

『직성행년편람』

『윷과 뎜칰』

고 재앙이 많도다)란 꽤나 나와서 좋지 않은 '하괘'가 되는 것이다.

이러한 점사가 있는 점서는 여럿 전해 오는데, 그러한 문헌들에는 『직성행년편람』이나 연활자본 『윷과 덤칙』 등이 있다.

한글이 한쪽에서는 한자나 한문에 밀려 괄시를 받으면서도 한편으로는 일반 백성들의 생활 속에 깊숙이 파고들어서, 심지어 매년 정월에 신수점을 치는 오행점 윷에도 한글이 사용되고 있음을 볼 수 있었다. 한글이 끈질기게 그 생명력을 이어왔던 힘은 바로 이러한 것이었다.

4. 인간과 자연과 한글

사람과 자연과의 관계 속에서 사람들이 자연에서 느끼는 생각들을 한글로 적은 것이 많아서 이것들을 통해 우리나라 사람들의 자연에 대한 인식을 잘 알 수 있다. 가장 대표적인 작품들은 한글 가사일 것이다.

동양인과 서양인은 신과 인간과 자연의 관계 설정을 달리 하는 것으로 보인다. 서양에서는 신이 인간을 지배하고 인간은 자연을 지배한다는 의식이 곳곳에서 발견된다. 그러나 동양에서는 신과 인간과 자연이 조화를 이루는 관계로 설정될 수 있을 것이다. 그리고 인생관도 각기 달라서 서양이 '재물'을 얻는 것을 가장 큰 인생의 목적으로 생각하고 있다면, 동양은 '건강하게 오래 사는 것'이 인생의 목적으로 잡혀 있는 것처럼 보인다. 그래서 서양은 연금술이 발달하게 되고, 동양은 한약이 발달하게 된다. 그래서 서양은 유리의 문화, 동양은 질그릇의 문화라고 생각한다.

한글 자료를 통해서도 그러한 모습을 볼 수 있다. 사람이 자연을 찾아다니는 내용을 놀이문화로 하고 있는 대표적인 것이 '종람도'라고 할 것이다.

이 놀이판은 '히동남승도'라고 하는데, 전국의 절승지들을 적어 놓고 주사위를 가지고 앉아서 전국을 유람할 수 있게 하였다.

남승도(覽勝圖)

남승도는 '명승지를 유람하는 그림'이라는 뜻이다. 명승지를 구경하는 놀이에 사용되는 일종의 말판이라고 할 수 있다. 대개 전지 크기의 한지에다가 직사각형의 선을 많이 그려 놓고 그 사각형 안에 명승지 이름을 써 놓은 그림이 남승도인데, 일정한 곳에서 출발하여 명승지를 유람한 후에 돌아오는 놀이이다. 그 명승지는 대체로 약 130여 개가 된다. 주로 청소년들이 하던 놀이로 알려져 있다. 그래서 한자로 적힌 남승도도 있지만, 한글로 쓰인 남승도도 흔히 발견된다. 거기에는 우리나라의 명승지도 있지만, 드물게 세계의 명승지가 있는 남승도도 보인다.

한 놀이의 인원은 5~6명으로 하고 윤목을 굴려 나온 숫자에 따라 말을 쓰는 것인데, 대개 한가운데에 출발지를 써 놓는다. 출발지는 다양하지만 대체로 '한양(서울)'을 써 놓은 것이 많다. 전국을 유람하고 다시 한양으로 빨리 돌아오는 사람이 이기는 놀이다.

아래에 보이는 '남승도'는 가운데에 '히동남승도'라는 이름이 있고 그 아래에 '한양'이 있고, 이어서 아래쪽으로 '숭례문, 천연성, 선유봉, 장산곶' 등이 있다. 그리고 맨 아래에 '장산곶' 좌우로는 '대연촌, 부용당, 슈양산, 만화정, 금사정, 부벽누, 빅샹누, 통군정' 등이 보인다. 오른쪽은 오른쪽을 아래로 하여 한글을 쓰고, 왼쪽은 왼쪽을 아래로 하여 글씨를 쓰고, 위쪽은 위쪽을 아래로 하여 글씨가 쓰이어 있으니, 모두 4면을 향하여 글씨가 쓰이어 있는 셈이다.

아래쪽을 향해서는 '한양'을 비롯하여 '만월디, 슨쥭교(선죽교), 빅운디, 지

한글 남승도

지터, 선연동, 무산, 박천진, 슈항누, 박연, 화셕졍, 산영누, 관낙산(관악산), 슝
례문, 동셜영, 단군묘, 묘향산, 젹지, 쳥셕관, 마이산, 셰금졍, 악구졍, 쳔연
셩, 월파누, 황학누, 약산, 백두산, 와용지, 손셕졍, 힝듀, 읍쳥누, 션유봉, 구
월산, 연광졍, 강션누, 황셩평'과 위에서 열거한 '장산곳'을 비롯한 여러 명승
지가 나열되어 있다.

'남승도'처럼 젊은이들이 노는 놀이에도 한글이 사용되고 있어서 이 시기
에 한글이 얼마나 중요한 기능을 담당하고 있었는지를 판단할 수 있기에 한
글의 역사에서 중요한 자료를 제공하고 있다고 할 수 있을 것이다.

5. 예술과 한글

인류는 말을 대신 표기하는 그림이나 문자를 의사소통의 도구로 삼았지
만, 실제로 말과 그림, 문자들이 표현할 수 있는 정보의 내용은 그 성격이 다
르다. 즉 문자는 문자대로, 그림은 그림대로 각각의 표현 가능한 세계와 표
현이 가능하지 않은 세계가 있다. 말과 그림과 문자의 차이점을 표로 보이
면 다음면의 도표와 같다.

그렇다면 예술은 국어나 한글과 어떠한 관계에 있을까? 한글이 제2의 국
어라고 한다면 그림과 음악은 제3의 국어일 것이다. 그림과 음악 속에는 언
어와 문자가 없을 수도 있지만, 표현하고자 하는 내용이 있다. 다른 예술작
품도 마찬가지일 것이다.

그림 속에 보이는 화제(畵題)나 음악의 제목은 겉으로 표출된 예술작품 속
의 언어와 문자인 셈이다. 한글 서예는 문자에, 그리고 한글 디자인과 폰트
는 그림에 더 가까운 속성을 지니고 있다고 할 것이다. 그러나 한글 서예나

	말	그림	문자
형식	음성	선, 색채, 구도	점, 선
인지 감각	청각	시각	시각
전달도구	음파	진흙, 돌, 가죽, 종이 등	주로 종이
인간 활동	음성기관	손(또는 뼈 등의 도구)	손(또는 필기도구)
전달 내용의 변화 방법	음색, 장단, 고저, 억양 등을 변화시킴	선, 색채, 구도의 변화	점, 선, 점과 선의 크기, 색깔의 변화
전달 의미	개념적 의미와 감정적 의미를 모두 전달	주로 감정적 의미를 전달	주로 개념적 의미를 전달
전달 내용과의 관계	자의적이지만, 부분적으로 유연성을 지님	자의적	자의적(표음 문자) 유연성(표의 문자)
전달의 효과	전달 내용의 전체 전달	전달 내용의 부분을 전달	전달 내용의 부분을 전달
특징	포괄적(압축적) 구체적(추상적) 분석적(종합적) 지시적(암시적) 나열적(복합적)	압축적 추상적 종합적 암시적 복합적	포괄적 구체적 분석적 지시적 나열적

한글 디자인, 한글 폰트는 문자인 한글을 바탕으로 하고 있으면서도 그림 쪽에 한 발 다가서 있다고 생각한다. 이것을 표로 보이면 다음과 같다.

문자	그림
국어학 국문학	한글 서예 한글 폰트 한글 디자인

국어, 한글과 연관이 깊은 예술 분야는 문학과 서예, 한글 디자인, 한글 폰

트 등의 부문이다. 서예와 디자인과 폰트는 문자를 대상으로 한 종합예술이다. 그래서 이들 분야는 문자의 원초적 기능인 의사전달에만 관심을 가지지 않는다. 만약 문자의 의사전달 기능에만 중점을 둔다면 이들은 이미 예술이 아니기 때문이다. 그러나 이들이 예술성을 지니고 있다고 해서 미술이나 조각 등과 동일한 성격을 지닌 예술도 아니다. 이들은 어떤 면에서는 그림이나 조각과 문자의 중간에 위치하는 예술의 성격을 지닌다고 할 수 있다. 한글 서예, 한글 디자인, 한글 폰트가 다른 예술들과 차이가 있다면 그것은 이들에 '문자'라고 하는 독립된, 분명한 대상이 있다는 점일 것이다. 문학도 문자를 매개체로 한다지만 그것이 표현하는 세계는 이들과는 전혀 다른 것이다. 그래서 이들은 미술 속에 부속되어 있는 예술이 아니라 완전히 독립된 하나의 예술인 것이다.

예술은 과학이나 학문과는 대립되는 특성을 지닌 것으로 인식되어 왔다. 그러나 한글 서예와 한글 디자인, 한글 폰트는 예술적인 특성을 지니면서도 한편으로는 학문적이며 과학적인 특성을 지니고 있다. 이들 분야에서 직접 다루는 대상이 문자이기 때문에 문자를 과학적으로 다루는 학문인 문자학과 직접적인 관련이 있다. 그뿐만 아니라 이들 분야에서는 단순한 문자를 표현하는 것이 아니라, 문자의 조합과 배열로 된 아름다운 글을 대상으로 하려 하기 때문에, 과학적인 학문인 언어학과 예술성을 지닌 문학과도 깊은 연관이 있다. 그리고 문자나 글을 예술적으로 승화시키기 때문에 그것은 미술이나 조각과 같은 예술과도 연관된다. 그러므로 한글 서예와 한글 디자인 그리고 한글 폰트는 인류의 의사소통을 가능케 하는 말과 문자의 학문적인 속성과, 그림이 지니고 있는 예술성의 모든 특징들을 종합하여 표현하는 종합예술인 것이다. 이들 분야가 문자를 대상으로 한 종합예술이며 그래서 독립된 하나의 예술이라고 한 의미는 이러한 데에 근거한다.

1) 서예와 한글

서예의 극치는 글씨에서 그 글씨를 쓴 사람의 목소리가 들려야 하고(언어학적), 그 글의 의미와 감정이 정확히 전달되어야 하며(문자론적, 문학적), 심지어는 그 내용이 화상 이미지로도 환기될 수 있을 정도로 전달성이 높아야 한다(미술적)고 생각한다. 이것은 문학작품인 시(詩)가 문자로만 되어 있지만, 그 문자를 읽으면서 시인의 소리가 들리는 듯하고, 시화(詩畵)가 떠오르는 것과 같은 동일한 맥락에 속할 것이다.

한글 서예는 궁중에서 써 오던 궁체가 현대적으로 정리되고 이것이 학교 교육을 통해서 보급되면서 관심이 집중되었다. 이 궁체를 바탕으로 한글 서예가 발달되어 한글 서체의 다양한 형태화가 시도되어 온 것으로 보인다. 한글 예서, 그리고 훈민정음체를 비롯하여 많은 서체들이 고안되었다. 최근에는 민체를 비롯한 매우 다양한 서체들이 등장하였다. 그러나 역사가 깊은 한자 서예에 비하면 아직도 한글 서체의 다양화는 충분치 않다는 것이 일반적인 의견이다. 여기에는 몇 가지 요인이 있다.

첫째는 우리 선조들이 남겨 놓은 수많은 한글 서체에 대한 기초 조사가 이루어지지 않았기 때문이라고 할 수 있다. 우리 선조들이 남겨 놓은 한글 문헌은 이루 헤아릴 수 없이 많다. 그러니 그 한글 서체도 그만큼 다양할 것이다. 최근에 다양한 한글 서체를 발굴하는 작업이 이루어지고는 있지만, 국어학자가 볼 때에는 아직도 요원한 것 같다.

둘째는 한글 서체에 대한 정밀한 연구가 이루어지지 않았기 때문이다. 대개 서예가들은 예술가로서만 만족하는 듯하다. 그러나 앞으로는 학문적인 처지에서 한글 서체에 대한 역사적 연구가 이루어져야 할 것으로 생각한다.

서체의 변화나 새로운 서체의 창조는 글씨의 형태를 변화시키거나 창조하는 것이다. 글씨는 선(또는 획)과 점의 배열과 글자들의 구조적이고 예술적인 구도로 되어 있어서, 서체의 변화 및 창조는 글씨의 선과 점과 배열 원칙 및 구도를 바꾸거나 창조하는 것이라고 할 수 있다. 그러나 한글은 한글을 구성하는 자모의 선과 점, 구도가 매우 단순하여 이들의 변화를 시도하는 데에는 많은 어려움이 있을 것이다. 이 어려움을 탈피하기 위해서는 우리 선조들이 남겨 놓은 한글 서체들을 참조하는 것이 좋다. 다음에 소개하는 극히 일부분의 자료들은 서예계에서는 전혀 들어 보지 못했던 자료들일 것이다.

훈민정음 언해본체 자료와 궁체 자료를 보도록 한다.

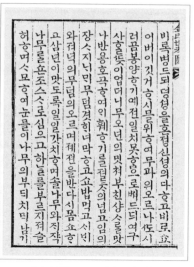

『용담유사』(목판본, 1881년)   『김씨세효도』(목판본, 1865년)

『경석자지문』(활자본, 1882년)

『어제백행원』(필사본, 1765년)

『이언언해』(활자본, 1883년)

『경세편언해』(필사본, 1765년)

위에 예시한 것들은 한글 서체 변화의 조그마한 한 예에 불과하다. 서체 변화의 이유로서 직선의 곡선화와 자모 배열 구도의 변화에 의한 것 중 일부를 예시한 것이다. 이외에도 한글이 지니고 있는 특성에 의한 서체의 변화 이유는 매우 다양하다. 세로쓰기에서 가로쓰기로 변하면서 이루어진 변화, 정방형의 구조에서 탈피하면서 이루어진 변화 등은 그 대표적인 이유라고 할 수 있다.

2) 그림과 한글

(1) 한글이 쓰인 최초의 그림

지금까지 알려진 것 중에 한글이 쓰인 최초의 그림은 '안락국태자전변상도(安樂國太子傳變相圖)'이다. 이 그림은 현재 일본의 고지현(高知縣) 좌천정(佐川町)에 있는 청산문고(靑山文庫) 소장본이다. 탱화(幀畵)로 비단 위에 그린 것인데, 크기가 세로 106.5cm, 가로 57.1cm이다. 1576년에 그린 그림이지만 그림을 그린 사람이 누구인지는 알 수 없다.

한 폭의 화면에 21개의 장면이 그려져 있고, 각 장면의 그림에 대해서 한글로 설명이 되어 있다.

이 그림은 '안락국태자전'의 이야기를 그림으로 그린 것이다. '안락국태자전'은 『월인석보』 권8(89b-103b)에 자세히 기록되어 있어서 그 내용을 소상하게 알 수 있다. 그 내용을 요약하면 다음과 같다.

범마라국(梵摩羅國) 임정사(林淨寺)에 광유성인(光有聖人)이 중생을 교화하고 있었는데, 서천국(西天國)에 사라수대왕(沙羅樹大王)이 왕비 원앙부인(鴛鴦夫人)과 함께 사백여의 소국을 잘 다스리고 있다는 말을 듣고 제자인 비구인 승렬바라문(勝熱婆羅門)을 보내 찻물을 기를 채녀(婇女, 궁녀)를 빌려오라고 하였다. 승렬

안락국태자전변상도

바라문이 서천국에 가서 궁중 뜰에서 사라수대왕의 지시로 나온 원앙부인을 만나니 원앙부인이 제미(齊米, 제에 쓸 쌀)를 바치려고 하였다. 사라수대왕이 젊고 고운 여덟 각시(八婇女)를 주었다. 3년 뒤에 광유성인이 다시 유나(維那, 절에서 중들의 규율 등을 맡은 책임자)를 시키려고 사라수대왕을 직접 오라고 하니, 사라수대왕의 어려움을 알고 왕비인 원앙부인이 함께 길을 나선다. 사라수대왕이 국가를 동생에게 맡기고 서천국을 떠나 죽림국(竹林國)에 가는데, 만삭이 된 원앙부인이 걷지를 못해 원앙부인이 자원하여 그곳의 자현장자(子賢長者, 자현이라는 부자)의 집에 금 2,000근을 받고 종으로 팔려 남게 되었다. 만삭인 원앙부인이 사라수대왕에게 왕생게(往生偈)를 알려 주고 또한 아들을 낳으면 이름을 안락국(安樂國)이라 하고 딸을 낳으면 효양(孝養)이라고 하라는 대왕의 부탁을 듣는다.

원앙부인이 장자의 집에서 아들을 낳았는데, 그 아들인 안락국이 7세 되던 해에 아버지를 찾으므로, 범마라국 임정사에 광유성인(光有聖人)이 계신 곳에 가면 아버지를 만날 수 있다는 이야기를 해 준다. 처음에는 도망을 가다가 계집종에게 붙잡힌다. 다시 안락국이 장자의 집을 도망하여 임정사를 찾아가는 길에 팔채녀(八婇女)를 만나 원앙부인이 알려 준 왕생게를 듣는다. 그 근거로 아버지인 사라수대왕을 만나 이름인 '안락국'과 '왕생게'를 통해 부자지간임을 확인하고 붙잡고 운다. 그러나 사라수대왕은 안락국에게 남편과 아들을 잃고 더욱 슬퍼할 원앙부인을 생각하여 빨리 돌아가도록 한다. 죽림국에 도달하니 소를 치는 목동의 슬픈 노랫소리를 듣고는 원앙부인이 장자에게 보리수 앞에서 환도로 세 동강 내어 죽임을 당했다는 사실을 알게 된다. 안락국 태자가 원앙부인의 뼈를 이어 놓고 울며 살아나도록 합장하여 게를 지어 부르니 극락세계로부터 사십팔용선(四十八龍船)이 진여대해(眞如大海)에 떠 안락국 채자 앞에 와서 그중의 보살이 태자에게 부모가 벌써 서방에 가서 부처가 되었다는 소식을 듣는다. 안락국 태자가 그 말을 듣고 사자좌(獅子座)에 올라 허공을 타고 극락세계로 갔다. 광유성인은 석가무니불(釋迦牟尼佛)이고 사라수대왕은 아미타불(阿彌陁佛)이고 원앙부인은 관세음보살(觀世音菩薩)이고 안락국은 대세지보살(大勢至菩薩)이고 승렬바라문은 문수(文殊)이고 팔채녀는 팔대보살(八大菩薩)이다.

각 그림 속에 그 내용을 한글로 적어 놓았는데, 그 내용을 일부 소개하면 다음과 같다.

① 이는 승열바라무니(勝熱婆羅門이) 처엄 팔치녀(八婇女) 비ᄉᆞ오라 셔 겨시니라
② 이는 원앙부인(鴛鴦夫人)이 처엄 즈미(齋米, 보시로 주는 쌀) 받ᄌᆞ오라 나와 겨시니라
③ 이는 처엄 팔치녀(八婇女) 비ᄉᆞ와 가시ᄂᆞ니라
(…)
㉕ 부인니 업스샤 삼동(三同, 머리, 몸뚱이, 팔다리)이 도외샤 즘게 아래 더뎟시니 아기 우르샤 삼동을 뫼호시고 셔방(西方)애 합쟝(合掌)ᄒᆞ시니 극락세계(極樂世界) 옛 ᄉᆞ십팔룡셔니(四十八龍船이) 공듕(空中)에 ᄂᆞ라 오시니 졉인즁ᄉᆡᆼ(接引衆生)ᄒᆞ시ᄂᆞᆫ 졔 대보살(大菩薩)들히 ᄉᆞᄌᆞ좌(獅子座)로 마자 가시ᄂᆞ니라

안락국태자전변상도는 각 장면이 평면적으로 배치되지 않고 입체적으로 배치되어 있다. '좌-우(우-좌), 상-하(하-상)' 등으로 시선을 이동하게 하는데, 그 이유는 공간 배치에 있는 것으로 보인다.

안락국태자전변상도는 서사 내용을 시간적 순서에 따라 표현한 보기 드문 형식의 탱화로서, 그림을 제작하게 된 경위가 적혀 있는 그림도 드물지만

각 장면마다 한글로 간략한 설명이 쓰인 자료도 귀하다. 총 25곳에 한글이 적혀 있는데(장소 이름까지 치면 27곳), 장면을 설명한 것은 21곳이다. 한 폭의 그림에 많은 장면이 삽입되어 있다.

옛 그림 속에 한글이 쓰이어 있고, 그것도 이야기 형식으로 쓰이어 있는 그림이 이른 시기인 1576년에 그려졌다고 하는 사실은 정말로 경이로운 일이라고 하지 않을 수 없다. 책이 아닌 그림 형태로 한글과 함께 쓰일 수 있었던 것은 훈민정음 창제와 그 이후에 간행된 많은 불경과도 연관이 있을 것으로 추정된다.

(2) 도판이 있는 한글 문헌

그림 위에 언해문을 싣는 방식에서 벗어나서 도판과 함께 언해문도 동일한 판형으로 찍어 낸 책들이 있다. 제일 처음 보이는 것은 『불설대보부모은중경언해(佛說大報父母恩重偈諺解)』이다. 지금까지 알려진 가장 오래된 『은중경언해』는 오응성(吳應星)의 발문이 있는, 1545년에 간행된 책이다. 16세기의 『고열녀전(古烈女傳)』, 1617년에 간행된 『동국신속삼강행실도(東國新續三綱行實圖)』, 1797년에 간행된 『오륜행실도(五倫行實圖)』, 1852년에 간행된 『태상감응편도설언해(太上感應篇圖說諺解)』, 그리고 1865년에 간행된 『김씨세효도(金氏世孝圖)』 등도 이러한 부류에 속하는 문헌들이다.

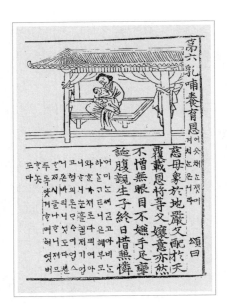

『불설대보부모은중경언해』(오응성발문)

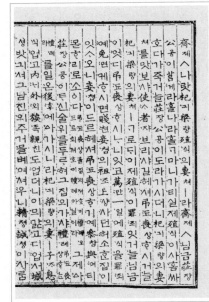

『고열녀전』

『동국신속삼강행실도』(도판 부분)

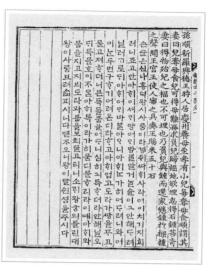

『동국신속삼강행실도』(원문과 언해문 부분)

『오륜행실도』(도판 부분)

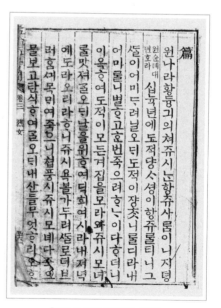

『오륜행실도』(언해문 부분)

「태상감응편도설언해」(도판 부분)

「태상감응편도설언해」(원문과 언해문 부분)

「김씨세효도」(도판 부분)

「김씨세효도」(원문과 언해문 부분)

그런데 이렇게 도판이 있고 한글 언해문이 있는 책에는 공통점이 있다. 『은중경언해』, 『이륜행실도』, 『동국신속삼강행실도』, 『오륜행실도』, 『김씨세효도』는 모두 삼강오륜(三綱五倫)에 대한 글이라는 점이다. 『태상감응편도설언해』는 도교에 관계된 문헌이지만 그 실질적인 내용은 삼강오륜과 연관되어 있다. 모두 사람들에게 도덕과 윤리의 중요성을 알리기 위해 지은 책들이다.

(3) 화제가 한글로 된 그림

도판 중에서 그 화제(畵題)가 한자로 되어 있지만, 한글로 되어 있는 것도 있다. 1796년에 간행된 『은중경언해』의 도판에는 화제가 한자와 함께 한글로도 적혀 있다. 다음 그림에서 '회탐슈호은, 인고토감은'이라는 그림의 제목을 볼 수 있다.

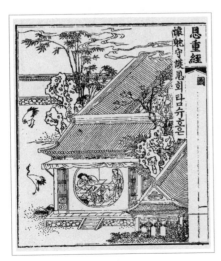
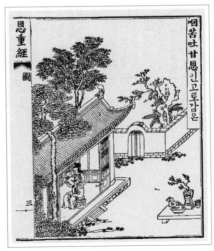

『은중경언해』(용주사판)

(4) 한글로 명칭을 써 놓은 그림

한글 문헌 중에는 그림이 들어 있는 것이 많은데, 그중에는 부분적인 그림도 많이 있다. 예컨대 말의 병에 대한 설명을 하기 위해서 말을 그려 놓고 말의 부분 명칭을 써 놓은 것도 있다. 1682년에 간행된 『마경초집언해(馬經抄集諺解)』에는 많은 그림이 보이는데, 다음의 그림은 말의 부분 명칭 등을 설명한 그림이다.

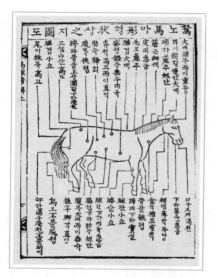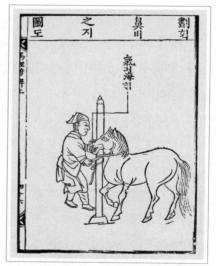

『마경초집언해』

1792년에 간행된 법의학서인 『증수무원록언해(增修無冤錄諺解)』에는 사람 신체의 부분 명칭이 나와 있어서 흥미롭다.

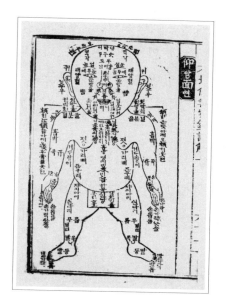 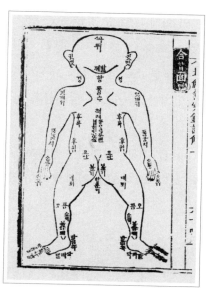

『증수무원록언해』

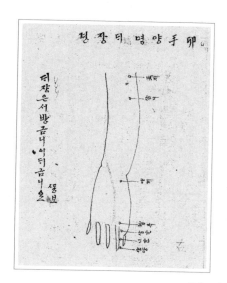 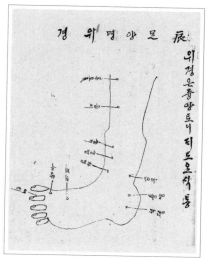

『제중경험신방』

이 신체 그림 중 침을 놓는 혈(穴)을 그려 놓은 것도 보인다. 『제중경험신방(濟衆經驗神方)』이 그러한데, 필사연대를 알 수 없는 필사본이다. 그림의 명칭이 한글로 되어 있고 내용도 한글로 되어 있다. 혈의 이름이 한글로 적혀 있지만, 한문으로 된 이름을 한글로 쓴 것이라서 이해하기 어려운 부분이 많다.

마찬가지로 『상례언해(喪禮諺解)』에는 상례 때 사용되는 각종 도구들이 그림으로 그려져 있고 언해가 되어 있다. 1716년에 필사된 필사본이다.

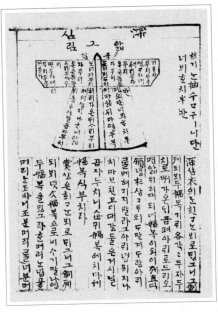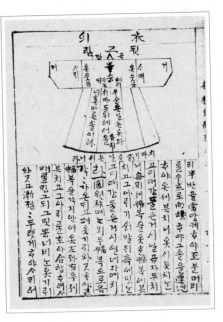

『상례언해』

3) 음악과 한글

노래와 악기 연주의 음들을 기록하는 기보법은 우리나라에서 한자와 한글을 운용해 왔던 방식과 매우 유사하여서 우리를 놀라게 한다.

한국 전통음악에서 악보를 쓰는 방법에는 지금까지 8종이 알려져 있다. 율자보(律字譜), 공척보(工尺譜), 약자보(略字譜), 육보(肉譜), 합자보(合字譜), 정간보(井間譜), 오음약보(五音略譜)이다. 이 중에서 한글과 연관된 기보법은 '육보'와 '합자법'이다.

(1) 육보와 합자보(合字譜)

1610년에 악사인 양덕수(梁德壽)가 엮은 거문고 악보인 『양금신보(梁琴新譜)』는 '육보'이다. 육보는 거문고, 가야금, 비파와 같은 현악기와 젓대, 피리 등 관악기를 위한 악보이다. 악기에서 울려 나오는 소리에 가깝도록 의음(擬音), 즉 흉내 낸 소리에 의해서 기록한 악보를 말한다. 이 '육보'는 입으로 소리를 내어 읽을 수 있기 때문에 '구음(口音)'이라고도 한다. 그러나 육보는 음명(音名)은 아니다. '도레미파'와 같은 '계명(階名)'과 비슷하지만 꼭 그에 해당하는 계명도 아니다. 단지 각 악기에서 나는 소리에 가까운 의음에 의한 약속이라고 할 수 있다.

『양금신보』의 사진을 보면 맨 오른쪽 줄에는 '궁상각치우(宮商角徵

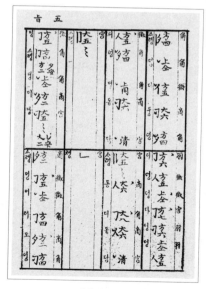

『양금신보』

羽'의 오음(五音)이 적혀 있고, 둘째 줄에는 이상한 글자들이 보이고, 셋째 줄에는 '스렝, 덩, 디, 둥, 덩, 당' 등의 한글이 적혀 있다.

둘째 줄의 부호들은 육보를 표기하는 '합자보'이다. 합자보란 율명(음이름)을 표시하지 않고 연주하는 방식이다. 즉 왼손의 줄 짚는 방법이나 오른손의 탄법(彈法), 그리고 줄 이름이나 괘의 순서 등을 약자로 만들어 이들을 합해 표시한 악보이다. 이 합자보는 거문고의 합자보만 전해 온다.

거문고는 줄이 모두 여섯 줄이다. 거문고의 윗면에는 높이가 서로 다른 16개의 괘(棵)가 붙어 있다. '괘'는 음의 높낮이를 가려 주는 받침대 역할을 한다. 그리고 연필 크기만 한 대나무 '술대'로 줄을 내리치거나 위로 뜯는 소리를 낸다. 이 술대를 오른손의 집게손가락과 가운뎃손가락 사이에 끼우고 엄지손가락으로 받친 상태로 줄을 쳐서 연주를 한다. 그리고 왼쪽 손가락으로는 괘 위의 줄을 누르거나 흔들고 밀어서 소리를 낸다.

위의 『양금신보』에 보이는 첫 번째 소리를 표시한 악보를 보이면 다음과 같다.

이 글자는 네 부분으로 되어 있어서 이 악보를 '합자보'라고 한다. '方', 四, 夕'이란 글자, 그리고 왼쪽의 'ㅣ'처럼 보이는 부호다. '方'은 '줄 이름'이고 '四'는 괘의 순서이며, '夕'은 지법(指法), 즉 거문고를 타는 손가락을 가리키며, 'ㅣ'는 탄법(彈法), 즉 술대로 줄을 내리치든가 줄을 뜯는 방법을 표시한 것이다. 여기에 보이는 '方'은 제2현인 유현(遊絃)을 지칭하고, '四'는 넷째 괘를, 그리고 '夕'은 약손가락을 지칭하고 'ㅣ'는 내리치라는 뜻이다. 이것을 표로 보이면 다음과 같다.

부호	내용
方	제2현인 유현
四	넷째 괘
夕	약손가락
l	내리침

결국 이 표시는 제2현인 유현의 넷째 괘를 약손가락으로 짚고 술대로 내리치라는 뜻이다. 줄 이름은 다음과 같다.

文	제1현	문현(文絃)
方	제2현	유현(遊絃)
大	제3현	대현(大絃)
上	제4현	괘상청(棵上淸)
又	제5현	괘하청(棵下淸)
止	제6현	무현(武絃)

거문고를 타는 손가락의 약자는 다음과 같다.

생획자	원글자	원래의 한자어	뜻
ㄱ	母 의 한 획	무지(母指)	엄지손가락
人	食 의 한 획	식지(食指)	집게손가락
ㄴ	長 의 한 획	장지(長指)	가운뎃손가락
夕	名 의 한 획	무명지(無名指)	약손가락
小	小 의 전체 획	소지(小指)	새끼손가락

여기에 보이는 획을 줄인 글자, 즉 생획자(省劃字)는 마치 구결문자를 만드는 방식과 조금도 다르지 않다. 원글자의 어느 획만 따서 쓰는 방식이 동일하다.

이렇게 거문고에서는 왼손과 오른손의 역할이 서로 다른데, 오른손으로 줄을 쳐서 소리를 내고 왼손으로 줄을 짚거나 밀어서 음의 높낮이를 조절한다.

그런데 문헌에 따라서 이 네 글자의 위치가 바뀌기도 한다. 합자보를 통해 악보를 보이고 있는 문헌이 많은데, 그 문헌에 보이는 합자보를 몇 개 보이도록 한다.

합자보	문헌명	문헌의 편찬시기 및 편자	소장처
䐑	금학절요 (琴學切要)	편자 및 연대 미상	원본 소장자 미상 경북대 이동복 교수 (복사본)
尘	한금신보 (韓琴新譜)	1724년에 한립(韓笠)이 편찬	서울대 음악대학 도서관
㱯	금보신증가령 (琴譜新證假令)	숙종 때 신성(申晟)이 편찬	이혜구
㱯	운몽금보 (雲夢琴譜)	1707년에 운몽거사(雲夢居士)가 편찬	경기도박물관

이와 같은 방법으로 표시한 합자보를 설명한 『금합자보(琴合字譜)』의 '금보합자해(琴譜合字解)'를 보이면 다음과 같다. 이 책은 1572년에 안상(安瑺)이 편찬한 책이다.

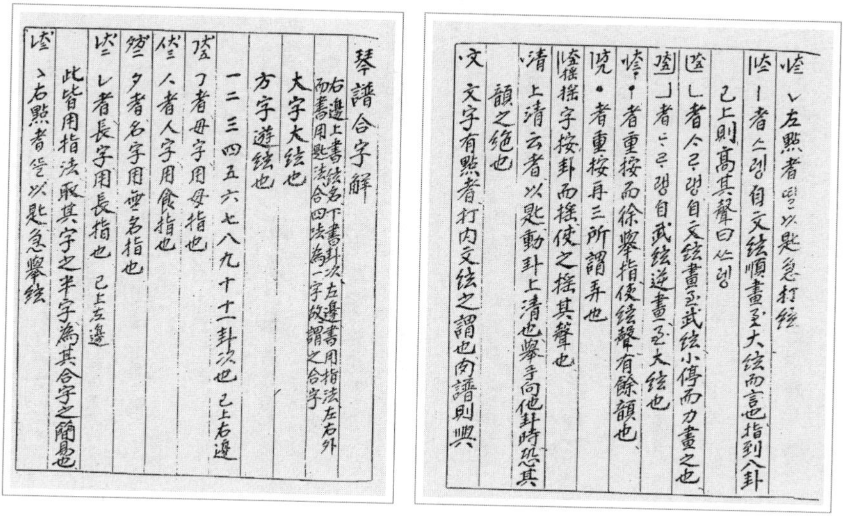

琴譜合字解

右邊上書絃名下書卦次左邊書用指法左右外而書用匙法合四法為一字故謂之合字

大字大絃也

方字遊絃也

一二三四五六七八九十十一卦次也 已上右邊

丂者毋字用母指也

人者人字用食指也

夕者名字用無名指也

レ者長字用長指也 已上左邊

此皆用指法取其字之半字為其合字之簡易也

ㄟ右點者 뜰 以匙急擧絃

レ左點者 떨 以匙急打絃

丨者 스렝 自文絃順畫至大絃而言也指到八卦已上則高其聲曰 쓰렝

乚者 수르렝 自文絃畫至武絃小停而力畫之也

亅者 드르렝 自武絃逆畫至大絃也

亻者重按而徐擧指使絃聲有餘韻也

•者重按再三所謂弄也

搖字按卦而搖使之搖其聲也

上清云者以匙動卦上清也擧手向他卦時恐其韻之絶也

文字有點者打內文絃之謂也內譜則興

『금합자보』의 금보합자해

여기에 보이는 합자보 중 몇 개를 설명하면 다음과 같다.

합자보	구음	특징	연주 방법
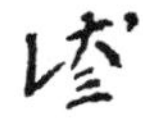	뜰	ˎ 표가 오른쪽에 찍혀 있다.	술대로 급히 줄을 떠서 낸다.
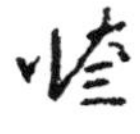	떨	ㄴ 표가 왼쪽에 찍혀 있다.	술대로 급히 줄을 쳐서 낸다.
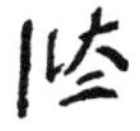	스렝	ㅣ 표가 왼쪽에 찍혀 있다.	제1현(문현)으로부터 그어서 제3현(대현)에 이르는 것을 말한다.
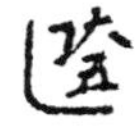	스르랭	ㄴ 표가 왼쪽에 찍혀 있다.	제1현(문현)으로부터 그어 제6현(무현)에 이르러 잠깐 멈추었다가 힘 있게 긋는다.
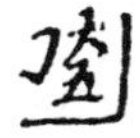	드르랭	ㅢ 표가 오른쪽에 있다.	무현으로부터 안으로 향하여 거꾸로 그어 대현에 이르는 것이다.

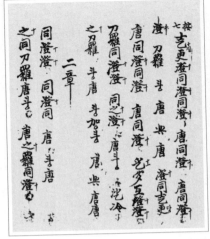

『청음고보』

이 방식은 『훈민정음 해례본』의 '합자해(合字解)'를 연상케 한다. 즉 초성, 중성, 종성을 합쳐서 한 음절 글자를 만드는 방식과 같은 것이다.

이들 소리를 한자로 표기할 경우에 한자음에 없는 소리, 예컨대 '둥, 쓸' 등은 표기할 수가 없다. 우선 한자로 악보를 보인 문헌을 보도록 하자. 위의 문헌은 편자와 필사연도가 미상인 『청음고보(淸音古譜)』에 보이는 한자 차자표기 방식의 현금육보(玄琴肉譜), 즉 거문고 악보이다.

이 문헌에 보이는 한자들은 다음과 같은 음을 표기하기 위한 것이다.

홍미로운 점은 한자음이 없는 음들은 한자와 한글을 병용하여 표기하였다는 사실이다.

'둥'을 표기하기 위하여 한자음 '두'를 지닌 '斗'의 밑에다가 한글의 종성자 'ㅇ'을 연서하여 '斗ㅇ'을 만들었으며, '덩'을 표기하기 위하여서는 더할 가[加]의 한자 새김 중에서 '더'를 표기하기 위한 '加'에다가 역시 한글의 종성자 'ㅇ'

216

한자	음	비고
瑟巨광	슬거둥	
⿱孚乙	뜰	
興	홍	
광	둥	
澄	등	대현 칠괘
唐	당	
同	동	
刀浪	도랑	동→당, '랑'은 술대로 내지 않는 소리
之浪	지랑	유현 6괘에서 유현 4괘로 내려올 때, 6괘음을 술대로 친 뒤 4괘음을 손가락으로 치는 음
乧澄六	살갱	문현을 술대로 친 후에 유현 제6괘를 술대로 치는 음
⿱加乙	덩	대현을 장지로 누르고 술대로 치는 음
乧更	살갱	문현을 친 후 유현을 식지로 누르고 친 음
乷冷	싸랭	

을 연서하여 '⿱加乙'을 썼으며, '뜰'을 표기하기 위하여 뜰 부[浮]에서 '쓰다'의 어간 '쓰'를 나타내는 '浮'에서 '孚'만을 선택한 후 여기에 'ㄹ'을 표기하기 위해서 '乙'을 연서하여 '⿱孚乙'을 만들었고, '살'을 표기하기 위하여 '사'음을 가진 '士'에다가 'ㄹ'을 표기하기 위해서 '乙'을 연서하여 '乧'을 만들었고, 그리고 의미가 다른 '살'을 표기하기 위해서 '사'음을 가진 '沙'에다가 '乙'을 연서하여 '乷'을 만들었다.

『양금신보』의 셋째 줄에는 '스렝, 덩, 디, 둥, 덩, 딩' 등의 한글이 보인다. 거문고의 구음을 보이는 것이다. 구음은 악기의 소리를 흉내 내는 소리이다. 현악기는 대개 '딩, 동, 당' 등으로, 관악기는 주로 '라, 리, 로' 등으로 표현한다.

현악기의 구음을 나타내는 한글 표기들은 대개 '딩, 동, 등'과 '징', 그리고 '살갱, 사랭', 또 '슬기덩, 슬기등', 또 '러, 루, 르, 라, 로, 리' 또는 '홍' 등으로 표기된다.

거문고의 여섯 현 중 가장 많이 사용되는 현은 대현과 유현이다. 이 두 현의 구음법은 음정에 따라 '덩, 둥, 등'이나 '당, 둥, 징'으로 쓰인다.

덩	가운뎃손가락으로 짚어서 내는 소리
둥	집게손가락으로 짚어서 내는 소리
등	엄지손가락으로 짚어서 내는 소리

가장 많이 쓰이는 둘째 줄 유현은 약손가락, 집게손가락, 엄지손가락으로 누르는 데 따라서 '당, 둥, 징'으로 발음한다.

당	약손가락으로 짚어서 내는 소리
둥	집게손가락으로 짚어서 내는 소리
징	엄지손가락으로 짚어서 내는 소리

제1현인 문현과 유현의 두 음을 낼 때에는 '살갱', 또는 '싸랭'이라고 구음한다.

살갱	유현을 약손가락이나 집게손가락이나 엄지손가락으로 짚고, 문현, 유현 순으로 타는 소리
싸랭	위의 모든 살갱의 경우 문현을 짧게 타는 소리

제1현에서 유현을 거쳐 대현까지 연속음을 낼 때에는 '슬기덩, 슬기둥, 슬기등' 등의 구음을 하고 있다.

슬기덩	대현을 손가락으로 짚은 다음, 문현 소리를 먼저 내고 유현을 거쳐 대현까지 내려 타는 소리
슬기둥	대현을 집게손가락으로 짚은 다음, 문현 소리를 먼저 내고 유현을 거쳐 대현까지 내려 타는 소리
슬기등	대현의 '등'의 윗괘를 엄지손가락으로 짚은 다음, 문현 소리를 먼저 내고 유현을 거쳐 대현까지 내려 타는 소리

이 외에도 '흥, 쌀, 칭, 뜰' 등의 구음이 있는데, 다음과 같은 소리이다.

흥	문현을 왼손 새끼손가락 또는 술대로 약하게 퉁길 경우
쌀	세게 칠 때
칭	괘상청, 괘하청, 무현에서 내는 소리
뜰	술대로 안을 향하여 줄을 떠서 내는 소리

이러한 육보는 한글로 표기해 놓은 문헌도 상당수 있다.

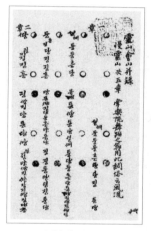

『가야금보』

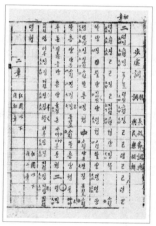

『삼죽금보(三竹琴譜)』
(1841년 이승무 편찬)

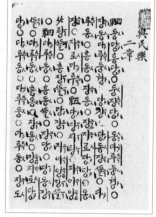

『희유(羲遺)』(연대 및 편자 미상)

(2) 민요와 시조의 악보

악보에는 육보나 합자보만 있는 것은 아니다. 악기를 연주하는 것이 아니라 단순히 노래만 할 때에도 간단한 악보를 사용하였다. 다음에 보이는 3가지의 악보는 낱장으로 되어 있는 민요와 시조의 악보이다.

첫 번째 것은 민요의 악보이고 뒤의 두 가지는 시조의 악보이다. 시조의 악보도 여러 가지가 있음을 알 수 있을 것이다.

그러나 중요한 내용은 악보의 음을 표시하거나 악기를 연주하는 방법의 기술에서 한자와 한글을 각각 운용하거나 동시에 운용하는 방식을 볼 수 있었다는 점이다.

그래서 구결을 만드는 방식과 같이 'ㄱ(母), 人(食), ㄴ(長), 夕(名)' 등의 생획자를 만들어 썼고, '펑(둥), 쯛(쓸), 흐(살), 뼝(덩), 뽈(살)' 등의 한자를 만들어 썼다. 그리고 協과 같은 부호는 마치 훈민정음의 합자해와 같은 방식으로 만

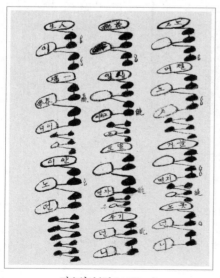

민요악보(26.5 × 22cm)

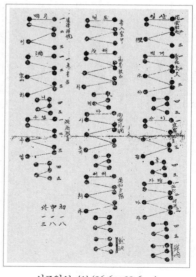

시조악보 〈1〉(36.6 × 22.6cm)

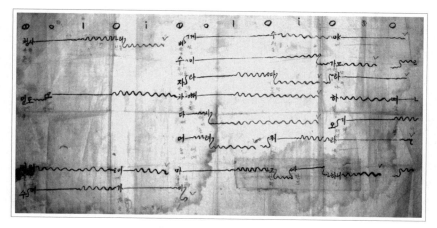

시조악보 〈2〉 (29.7 × 56.4cm)

들어 쓴 것임을 알 수 있다.

이 표기 방식을 보면서 한자 차자표기 방식과 한글의 연서(連書) 방식을 결합하여 새로운 음을 표시하는 문자를 만든 우리 선조들의 구조적인 사고 방식과 그 창의성에 새삼 감탄하지 않을 수 없다.

4) 한글 폰트

디지털 시대가 되면서 인쇄기술의 대변화가 일어났다. 필사, 목판, 금속활자, 목활자, 석판, 연활자 등의 시대를 거쳐 디지털인쇄 시대가 된 것이다.

이 디지털 시대에 문자 표현은 곧 '폰트'라는 새로운 영역을 탄생시켰다. 폰트는 몇 가지 단계를 거친다. 초기의 도트프린터 시기에는 24×24, 36×36, 또는 48×48의 모눈 영역에 검은 점을 찍어서 화면용 폰트와 프린터용 폰트를 만들어 썼다. 이때에는 단순히 기술적인 요소만 있었던 것이지만, 오늘날의 폰트는 원도를 그리는 일과 이 원도를 통해 문자를 조합하는 두 가지 단계를 거치게 되었다. 원도를 그리는 일은 예술에 속하는 과정이고 폰트를 하는 과정도 역시 예술과 기술의 과정에 해당한다고 생각한다.

디지털 시대에 한글을 어떻게 폰트화할 것인가에 여러 의견이 있을 수 있으나 대략 다음과 같을 것으로 생각한다.

① 한글이 지니고 있는 장점을 최대한으로 살려야 한다

한글은 다른 문자에 비해 많은 장점을 지니고 있다. 우리가 '한글은 배우기 쉽다'고 하는데, 이 점이야말로 한글이 지니고 있는 최대의 장점일 것이다. 한글을 배우기 쉽다는 것은 한글의 어떠한 특성에 말미암은 것일까? 그것을 나열한다면 다음과 같다.

ⓐ 한글 자형이 단순하다.

ⓑ 한글은 가로쓰기와 세로쓰기가 자유롭다.

ⓒ 한글의 선형들이나 자모의 조합이 매우 규칙적이다.

ⓓ 각 자모가 한 음절글자 속에서 차지하는 공간적 위치도 매우 규칙적으로 배분된다.

ⓔ 한글은 주로 한 글자에 한 음가를 유지하고 있다.

ⓕ 겹글자가 많지 않다.

ⓖ 자모의 명칭이 몇몇을 제외하고는 매우 단순하다.

이 중에서 앞으로 새로운 한글문화를 창조하는 데에 큰 의미를 지니는 것은 ⓐ, ⓑ, ⓒ, ⓓ로 보인다.

한글 자형의 단순함은 한글의 선이 모두 '·, ―, ㅇ'의 변형으로 이루어지기 때문이다. 다른 외국 문자들에 비해 선형(線形)이 단순하여, 그것을 배우는 사람이 기억하기 쉽게 해 준다. 우리가 주로 많이 알고 있는 알파벳이나 한자나 일본의 가나 등과 비교하여 보면 쉽게 수긍할 수 있을 것이다. 따라서 앞으로 개발될 한글 서체는 한글의 이러한 중요한 장점을 최대한으로 살리는 방향으로 이루어져야 할 것이다. 이러한 원칙에서 벗어나는 서체를 개발하면, 그 서체가 비록 예술적으로는 아름다운 글자일지라도 의사소통이라는 문자의 가장 기본적인 기능을 해칠 위험이 있기 때문이다. 해답은 결국 조형미를 갖춘 한글 서체를 개발하는 일인 것이다.

최근에 한글전용 운동이 벌어지면서, 한글 가로쓰기가 세로쓰기에 비해 마치 과학적인 운용 방법인 양 주장하는 사람들이 있다. 그리하여 신문과 잡지 등에서 모든 인쇄체들이 가로쓰기로 변환되었는데, 이것은 한글의 특성을 무시한 것으로 가장 비과학적이다. 문자를 가로로도 쓸 수 있고 세로로도 쓸 수 있다는 것은 한글을 자유롭게 운용할 수 있다는 의미이다. 따라서 각각 필요에 따라 세로와 가로로 쓸 수 있어야 한다. 문서의 편집에서도 제목은 세로로 쓰고 본문은 가로로 쓴다거나 또는 그 역으로 할 수도 있어야 한다. 그러기 위해서는 컴퓨터로 문서를 작성하는 문서작성기 프로그램에 이러한 기능들이 부가되어야 할 것이다.

그러나 한 면의 모든 글자를 가로와 세로의 어느 하나만을 선택하도록 하는 것보다는 문장이나 단어의 일부분이나 문자들을 가로세로로 자유롭게 쓸 수 있도록 하여야 한다. 그러기 위해서는 모든 글자들을 상하좌우로 뒤집어 놓을 수 있게 하거나 상하좌우로 45도, 90도, 180도, 360도 회전시키거나 할 수 있도록 프로그램이 짜여야 한다. 이 프로그램은 결국 다양한 폰트를 만들 수 있는가 없는가에 따라 가능성의 여부가 결정될 것이다. 그래야만 모든 신문, 잡지 등의 편집이 다양하여 의사전달에 도움이 될 것이다.

② 한글 서체의 개발에서 서체의 용법을 특징화하는 일이 중요하다

최근 들어 많은 서체들이 개발되어, 이의 활용이 빈번하다. 그러나 그 서체가 어떠한 글에서 최대의 효용가치를 가지는지는 서체 개발자도 인식하지 못하는 경우가 많은 것으로 보인다.

그리고 한글 디자인 연구자나 한글 폰트 연구자들은 다음과 같은 표로서 사용자들을 인도할 필요가 있을 것으로 보인다(이 표에는 상징적으로 서체의 종류를 A, B 등으로 표시하였다).

글의 종류	본문용 서체
논설문	A체, B체 등
설명문	C체, D체 등
수필	E체, F체 등
일기	G체, H체 등
소설	I체, J체 등
시	K체, L체 등

서체의 종류	글의 종류
A체, B체 등	희곡
C체, D체 등	방송용 대본
E체, F체 등	식품광고
G체, H체 등	동화
I체, J체 등	동요
K체, L체 등	신문 큰제목

③ 한글 서체의 조화로운 사용을 위해 서체의 한 벌을 마련해 주는 일이 중요하다

컴퓨터의 문서작성기에는 서체를 등록하여 놓고 각자 자유롭게 서체를 선택하여 쓸 수 있도록 하여 놓았다. 그래서 글을 쓰는 사람이나, 편집하는 사람들은 각자가 좋아하는 서체의 스타일을 만들어 사용하고 있다. 예컨대 글의 제목, 글쓴이의 이름, 본문, 작은 제목, 쪽 번호, 각주, 예문, 머리말, 소제목 등에는 어떠한 서체를 사용하는지를 등록하여 놓고 사용하도록 하고 있다. 그런데 글은 어느 한 서체만으로 그 글 전체의 조화를 이루기가 어렵다. 그래서 최근에 간행된 문헌들에는 그러한 서체들끼리의 조화가 이루어

지지 않아서 책의 모양이 흉측하게 된 것들이 많다. 따라서 앞으로 각 서체들이 어떻게 조화를 이루는지에 대한 연구가 필요한 것이다. 서체 하나하나에 대한 개발과 함께, 각 서체들의 무리를 특징화하여 묶어 주는 일이 중요한 것이다.

④ 서체 개발은 한글과 한자와 알파벳이 어울릴 수 있도록 하여야 한다

오늘날의 출판물에는 한글과 한자와 알파벳이 동시에 사용되는 경우가 많다. 그런데 한글 서체의 개발은 많이 되었지만, 아직도 한자나 알파벳의 서체 개발이 많이 이루어지지 않아서, 한글과 한자와 알파벳이 함께 쓰인 문장이나 제목 등이 서로 조화롭지 않게 보이는 때가 많다. 따라서 한글과 한자와 알파벳이 어울리는 한 벌의 스타일을 제공하여 줄 필요가 있다.

⑤ 한글은 그림과 소리와 색채가 서로 조화되어야 한다

디지털 시대의 특징은 멀티미디어 형태의 전달방식이다. 따라서 복합적인 전달방식의 개발을 위해서는 소리와 그림과 색채들이 서로 잘 조화가 되는 글자를 이용하여야 한다.

⑥ 한글은 개념의미만이 아니라 글쓴이의 감정도 표현할 수 있도록 개발되어야 한다

말은 그것을 구성하고 있는 음성, 형태, 문장의 유형, 그리고 억양이나 강세 등에 의해 화자의 의견뿐만 아니라 감정까지도 전달할 수 있다. 그러나 문자는 단순히 화자의 의견만을 전달하는 것으로 인식되어 왔다. 문자의 모양은 가독성과 변별성만 충족하면 그 기능을 다하는 것처럼 인식된다. 그래서 아름다운 글자꼴을 갖춘 한글을 개발하는 것이 지금까지의 경향이었다.

그러나 이제는 문자가 조합되어 글쓴이의 의사만 전달하는 것이 아니라, 감정까지도 전달할 수 있는 요소로 자리 잡고 있다. 예컨대 대학생이 학교의 과제물을 쓰기체로 만들어 제출하였다면, 그리고 도로 표지판을 돋움체가 아닌 쓰기체나 궁체로 만들었다면, 그 글자꼴은 아무런 기능도 하지 못할 것이다. 이렇듯 글자꼴은 의사를 전달하는 중요한 매체로 등장하게 되었다. 이 글자꼴을 사람의 말에 비유한다면 그 사람의 음색에 해당하는 것이라고 할 수 있기 때문이다.

⑦ 협력관계가 절실하다

지금까지 훈민정음 창제 이후에 쓰인 한글 문헌의 종류는 매우 많다. 활자본이든 목판본이든 필사본이든 그리고 근대의 연활자본이든 그 수는 너무 많아서 일일이 예거할 수 없을 정도이다. 그만큼 한글의 서체도 많다는 뜻이다. 이 중에서 현대의 한글 폰트로 개발하면 좋겠다고 생각되는 한글 서체도 대단히 많다. 따라서 한글 문헌에 대한 전공자의 도움을 받아 새로운 한글 폰트를 개발하는 것은 그리 어려운 일이 아니다. 학제 간에 돕는 일이기 때문이다.

최근에 유명한 서예가들의 한글 글씨를 받아 한글 폰트를 개발한 적이 있는데, 이러한 한글 서예가의 좋은 글씨를 토대로 하여 새로운 한글 폰트를 개발하는 일은 한글 폰트의 질을 높이는 데 커다란 기여를 할 것으로 생각된다.

지나간 시기의 한글 문헌에 나타나는 좋은 한글 서체를 개발하는 일과 미래의 한글 서체를 서예가들로부터 찾아 개발하는 일은 한글 폰트계에서는 무엇보다도 시급한 일이라고 생각한다.

석학人文강좌 63